Jesper Juul
Die kompetente Familie

Jesper Juul

Die kompetente Familie

Neue Wege in der Erziehung

Das familylab-Buch

Herausgegeben von
Mathias Voelchert

Aus dem Dänischen übersetzt von
Knut Krüger

Kösel

Originalausgabe

Weitere Informationen zu Jesper Juul und familylab unter
www.familylab.de
www.jesperjuul.com
www.kempler.dk

FSC
Mix
Produktgruppe aus vorbildlich bewirtschafteten Wäldern und anderen kontrollierten Herkünften

Zert.-Nr. SGS-COC-1940
www.fsc.org
© 1996 Forest Stewardship Council

Verlagsgruppe Random House FSC-DEU-0100
Das für dieses Buch verwendete FSC-zertifizierte Papier
Munken Print liefert Arctic Paper Munkedals AB, Schweden.

5. Auflage 2009

Umschlag: Elisabeth Petersen, München
Umschlagmotiv: Turba/zefa/Corbis
Druck und Bindung: GGP Media GmbH, Pößneck
Printed in Germany
ISBN: 978-3-466-30752-4

Weitere Informationen zu diesem Buch und unserem
gesamten lieferbaren Programm finden Sie unter
www.koesel.de

Inhalt

Vorwort

Die kompetente Familie – Ein Orientierungsbuch für Eltern

Die wichtigste Frage für jede Familie lautet: Wie verwandeln wir liebevolle *Gefühle* in liebevolles *Verhalten*? Denn die Tatsache, dass wir einander lieben, bedeutet nicht automatisch, dass wir auch gut miteinander auskommen. Jesper Juul, einer der bedeutendsten Familientherapeuten unserer Zeit, will Sie dabei unterstützen, auf diese Frage Ihre ganz persönliche Antwort zu finden.

Dieses Buch, das auf dem europaweiten Seminar- und Beratungsprojekt »familylab – die Familienwerkstatt« basiert, bietet Orientierung und konkrete Hilfestellung. Jesper Juuls größtes Anliegen ist es, Eltern zu helfen, ihre Entscheidungskompetenz zu erweitern, um auch in schwierigen Situationen gute Entscheidungen zu treffen. Das klappt dann am besten, wenn es Eltern gelingt, ihre ganz persönlichen Werte und Ziele im Zusammenleben in der Familie umzusetzen. Das Buch vermittelt daher die Quintessenz von Jesper Juul Erziehungsansatzes und seiner langjährigen Erfahrung damit, was Eltern und Kinder brauchen, damit es ihnen zusammen gut geht.

Kompetente Kinder brauchen kompetente Eltern

Es ist hilfreich, sich einmal zu fragen, welche Haltung und welches Denken wir mit unserer Erziehung und unseren Beziehungen in der Familie eigentlich fördern möchten. Wollen wir noch Untertanen heranziehen, die auf Anweisungen und Befehle handeln? Oder wünschen wir uns, dass unsere Kinder zu Menschen heranwachsen, die ein hohes Maß an Selbstständigkeit, Kompetenz und ein starkes Selbstwertgefühl mitbringen?

In letzterem Fall brauchen Kinder Eltern, die bereit sind, sich zu entwickeln. Eltern, die wie Leuchttürme sind, die ständig klare Signale geben und deutlich sagen, was sie wollen (statt bloß zu sagen, was sie nicht wollen). Sie brauchen Eltern, die wie Sparringspartner sind, die zu Hause gleichsam eine Trainingssituation bieten und dabei den größtmöglichen Widerstand leisten und zugleich den geringstmöglichen Schaden anrichten. Eltern, die bereit sind, mit ihren Kindern zu wachsen. Eltern, die täglich viele Fehler machen und keine Lust mehr haben, perfekt zu sein. Eltern, die sich entspannen und die Kraft haben, Nein zu sagen, wenn ihnen danach ist. Eltern, die ihre Verantwortung ernstnehmen – wissend, dass diese Kinder nicht ihr Besitz sind, sondern das Geschenk des Lebens. Eltern, die wissen, dass ihre Kinder nicht wie ihre Eltern werden müssen, um gut zu sein. Eltern, die die Kraft in sich entwickelt haben, sich und ihren Kindern immer mehr zu vertrauen.

Hehre Ansprüche, aber unrealistisch, meinen Sie? Jesper Juul zeigt in diesem Buch, wie es praktisch gehen kann. Es sind Inspirationen, die uns Eltern zum Ausprobieren animieren wollen, es einmal anders zu machen, als wir es von unseren Eltern gelernt haben. In seiner deutlichen, zugewandten Haltung gibt er keine Anleitung zum Glücklichsein in Familien, sondern zeigt, dass wir inmitten einer tief greifenden Veränderung stecken, auf deren Weg wir selbst wieder mehr Freude an Familie und Partnerschaft finden können. Dies gelingt, wenn Eltern ihre Führungsrolle ausüben und die Macht, die sie gegenüber ihren Kindern haben, transparent machen. Denn Eltern haben die Autorität in der Familie – physisch, psychisch, sozial, daran besteht kein Zweifel. Wenn Eltern nicht dazu stehen, fangen die Kinder an, die Führung zu übernehmen: Chaos ist die Folge. Deshalb ist es für Eltern wichtig, die Autorität in der Familie offen, in einer guten Weise und zum Wohle aller auszuüben, ohne die Abhängigkeit der Kinder auszunutzen.

In bewusst kurzen und in sich abgeschlossenen Kapiteln (wer will nach einem anstrengenden Tag schon noch lange pädagogische Abhandlungen lesen?) beleuchtet Jesper Juul Themen wie Trotz, Pflichten, Grenzen, Aggression, Probleme beim Essen – also vor allem die Fragen, die Eltern unter den Nägeln brennen. Es sind überschaubare Kapitel, die dazu einladen, die 8 bis 10 Seiten in einem Rutsch zu lesen.

Dabei möchte ich als Herausgeber an dieser Stelle besonders dem Übersetzer Knut Krüger für seine Arbeit danken. Übersetzer ist eigentlich nur eine unzureichende Bezeichnung. Es sollte eher »Einfühler« heißen. Denn aus der Zusammenarbeit mit Jesper Juul weiß ich, wie wichtig es für ihn ist, menschlich zu bleiben und von »Subjekt zu Subjekt« zu sprechen. Diese innere Haltung bringt Knut Krüger in seiner Übersetzung auf wunderbare Weise ins Deutsche.

Was genau ist »familylab«?

»Aus Erziehung wird Beziehung«, »Vom Gehorsam zur Verantwortung«, »Was Familien trägt – Werte in Erziehung und Partnerschaft«, »Das kompetente Kind«, »Grenzen, Nähe,

Respekt«: Das sind nur einige der Bücher von Jesper Juul. Seine Arbeit, die für viele Eltern ebenso wie für pädagogische Fachkräfte einen Quantensprung bedeutet, bekannt zu machen, dafür ist »familylab« angetreten.

»familylab« vermittelt eine solide Basis für alle, die die eigene Rolle als Eltern und Partner finden wollen. Das geschieht mit Büchern, Elternbegleitung in Seminaren und Vorträgen, Internetberatung, unzähligen Interviews und Veröffentlichungen zu Elterninspiration und Kompetenzstärkung. Bis Ende 2007 werden bereits etwa einhundert »familylab«-Kursleiter in Deutschland und Österreich weitergebildet sein. Das sind Fachleute wie z.B. Familien-Sozialtherapeuten und Familienberater mit mindestens fünf Jahren Berufserfahrung. Derzeit ist »familylab« in Dänemark, Norwegen, Schweden, Deutschland und Österreich aktiv. In der Schweiz und Kroatien befindet es sich im Aufbau.

»familylab – die Familienwerkstatt« fordert dazu auf, Kindererziehung als einen lebenslangen, in das Familienleben eingebetteten Prozess anzusehen. Dabei geht es nicht um Rezepte und Methoden für Elternausbildung. »familylab« versteht sich als Familienlabor, in dem gemeinsam experimentiert und gelernt werden kann.*

Was können wir Eltern tun, wenn es schwierig wird?

In Krisensituationen wünschen wir uns Allheilmittel. Doch ein erfolgreiches allgemeingültiges Rezept gibt es nicht. Überall in der westlichen Welt suchen Familien nach gangbaren

* Wenn Sie sich für Elternkurse oder Beratung durch »familylab« interessieren oder Unterlagen über die Ausbildung als »familylab«-Berater/Beraterin anfordern möchten, informieren wir Sie gerne unter www.familylab.de.

Wegen, mit ihrer Situation in der Partnerschaft und Erziehung fertig zu werden. Dabei gibt es nicht die eine Lösung für Erziehung und auch nicht die eine Lösung, die für jedes Elternpaar passen würde. Auch kein Familienberater, Arzt oder Therapeut hat dieses Rezept. Wenn jemand Ihnen gegenüber so tut als ob, sollten Sie hellhörig werden. Die Praxis hat gezeigt, dass es sehr persönliche Umstände sind, die in eine Krise führen. In einer Familienberatung geht es darum, mit jedem Paar, mit jeder Familie herauszufinden, was die Erwachsenen fühlen, was ihr Kind fühlt, was das Kind ausdrücken möchte. Da ist jede Familiensituation ein bisschen anders. Deshalb helfen keine vorgefassten Meinungen, vorfabrizierten Theorien oder altbewährten Methodologien.

Jede Familie ist ihr eigener kleiner Kosmos mit eigenen Gesetzen und Spielregeln. Wenn es dem Berater gelingt, diese Spielregeln zu entschlüsseln und diese Regeln transparent zu machen, können sie verstanden und verändert werden. Dabei weisen unsere Kinder durch ihr Verhalten auf die Ungleichgewichte in der Familie hin. Wenn Kinder schwierig werden, halten sie ihrer ganzen Familie den Spiegel vor. Statt dieses Verhalten als »unpassend« oder »unartig« abzutun, können wir diese Kindersprache so deuten, dass sie zu einer fruchtbaren Veränderung im Familienkosmos führt.

Verantwortung statt Gehorsam

Manche loben heutzutage wieder die Disziplinierung in Schrift, Wort und Tat, und sie finden eifrige Leser und Applaus. Ich bin ihnen für diese Möglichkeit zur Abgrenzung dankbar! Das ist das Gegenteil unserer Arbeit. Es ist nicht unser Ziel, Kindern immer wieder vor Augen zu führen, dass sie nur dazugehören dürfen, wenn sie parieren. Auch geht es uns nicht darum, dass Sie, als Eltern, immerfort mit der Höchststrafe in Beziehungen, dem Ausschluss, drohen: »Wenn du nicht folgst, fliegst du raus«, »musst du ins Eck« oder »auf den stillen Stuhl«, »solange du deine Füße unter meinen Tisch streckst« etc. Das sind die denkbar schlechtesten Voraussetzungen, um in jungen Menschen Selbstwert und Selbstvertrauen zu begründen. Und es ist ein Zeichen von Hilflosigkeit und Mangel an überzeugenderen Ideen. Väter und Mütter spüren das! Sie wissen – meist aus eigener, leidvoller Erfahrung –, dass an diesem Bevormundungssystem, das bedingungslose Unterwerfung fordert, etwas nicht stimmt. Sie wissen oft nicht genau, was es ist, aber sie spüren, dass es mit Schnellschüssen nicht getan ist, um eine Veränderung zu schaffen.

In diesem Buch geht es daher nicht um die zehn Tricks, wie Ihre Familie wieder gut läuft, hier geht's ums Ganze. Um Ihre Werte und wie Sie die in Ihrer Familie etablieren können. Die Arbeit von »familylab« wird getragen von dem Vertrauen in die Entwicklungskräfte aller Beteiligten und dem Wunsch, niemanden je zu beschämen. Die Arbeit von Jesper Juul bringt hierzu Klarheit, Ideen und Inspiration. Und sie eröffnet eine sinnvolle Alternative: Jesper Juul zeigt den Weg zwischen antiautoritären Träumereien und autoritären Allmachtsfantasien. Er bietet das Handwerkszeug, das über drei Jahrzehnte gewachsen ist, sich bewährt hat und wissenschaftlich begründet ist – damit jede Familie sich die Anregungen nimmt, die sie im Moment braucht, um den nächsten Schritt zu gehen.

Ich wünsche Ihnen den größtmöglichen Gewinn für sich und Ihre Familie aus diesem Buch.

Ihr *Mathias Voelchert*

Mathias Voelchert leitet »familylab« Deutschland.

Das Zusammenspiel in der Familie

Es gibt unzählige Möglichkeiten, als Mann und Frau oder als Familie zusammenzuleben, und kein Experte kann Ihnen garantieren, dass Sie durch eine bestimmte Art und Weise damit Erfolg haben werden. Dazu sind viel zu viele Faktoren im Spiel. Mit dem Zusammenleben verhält es sich wohl wie mit dem Leben selbst – es kann kaum geplant, nur gelebt werden.

Eine Glücksformel gibt es also nicht, doch wissen wir einiges darüber, welchen Aspekten wir besondere Aufmerksamkeit schenken sollten.

> *Es ist die Qualität des Zusammenspiels zwischen den Erwachsenen, die einen bestimmten Ton setzt und über die Atmosphäre in der Familie entscheidet.*

Das mag zunächst etwas zweifelhaft klingen, wenn man beispielsweise daran denkt, wie sehr ein krankes Kind die Stimmung beeinflussen kann, oder wie furchtbar anstrengend es ist, nachts von einem schreienden Säugling wachgehalten zu werden, oder wie groß die Besorgnis werden kann, wenn die dreizehnjährige Tochter am Abend nicht zum verabredeten Zeitpunkt nach Hause kommt.

Doch dies alles sind nur Gefühle, die durch verschiedene Begebenheiten in uns geweckt werden, und sie haben natürlich ihren Sinn und ihre Berechtigung. Die Grundatmosphäre in einer Familie hängt jedoch mehr davon ab, wie die Erwachsenen – gemeinsam – mit diesen Gefühlen umgehen. Kann ich mit meinem Partner aufrichtig über meine Sorgen und Nöte sprechen? Werden meine Gefühle in der Familie ernst genommen? Darum geht es im Wesentlichen.

Wie gehen wir mit Konflikten um?

In allen Familien entstehen Konflikte, die sich nicht im Handumdrehen lösen lassen, wie sehr wir uns auch lieben und wie gesprächsbereit wir auch sein mögen. Einige Konflikte wurzeln so tief in unserer individuellen Existenz, dass sie immer wieder aufbrechen und vielleicht erst zehn oder zwanzig Jahre später gelöst werden können. Die Atmosphäre in der Familie hängt entscheidend davon ab, wie wir gerade mit *solchen* Konflikten umgehen.

Manche Menschen haben so große Angst, den Partner zu verlieren, dass sie schon beim geringsten Anlass in Panik ausbrechen. Andere brauchen lange Zeit zum Nachdenken, ehe sie in der Lage sind, einen Dialog aufzunehmen. Wieder andere müssen jeden Konflikt besprechen und irgendeiner Lösung zuführen, ehe die Sonne untergeht. Der eine betrachtet jeden Konflikt als Machtkampf und will immer unbedingt Recht bekommen, während der andere von vornherein auf Flexibilität und Kompromisse eingestellt ist. Entscheidend für das Wohlergehen der Familie ist, dass beide Partner *die Notwendigkeit* von Konflikten begreifen und gemeinsam einen Weg finden, mit diesen umzugehen. Wenn beide Partner mit diesem Weg »leben« können, dann ist es der richtige und macht die Familie auch für die Kinder zu einem Ort der Geborgenheit.

Es bedarf zweier Dinge, um eine gute Atmosphäre in der Familie zu schaffen: Liebe und Bereitschaft.

Es genügt nicht, dass die Erwachsenen sich lieben, sie müssen die Gemeinschaft auch *wollen*. Wir alle erleben Augenblicke, Stunden oder Tage, an denen wir wünschten, wir würden nicht zusammenleben – es gibt zu viele Streitigkeiten, wir fühlen uns einsam, das Leben wirkt zu kompliziert ... Solche Gefühle sind ganz normal, und auch an ihnen werden die Kinder keinen Schaden nehmen, wenn, ja wenn wir richtig mit ihnen umgehen. Möglichst offen und ehrlich mit ihnen umzugehen, ist alles, was wir tun können – aber das ist auch genug.

Kinder sind trotz ihrer ihnen innewohnenden Weisheit überaus harmoniebedürftig. Sie hassen es, wenn zwischen den Eltern Disharmonie besteht, kommen aber ohne Weiteres damit zurecht, wenn sie spüren, dass die Erwachsenen sich wirklich *wollen*. Es gibt also keinen Grund, Konflikte vor den Kindern zu verheimlichen – was im Übrigen auch gar nicht möglich ist! Kinder spüren Streitigkeiten oft, bevor die Erwachsenen sie wahrnehmen, und wir gehen am besten mit Konflikten um, indem wir nicht dem anderen die Schuld geben, sondern zu unserer eigenen Verantwortung stehen. Zu einem Konflikt oder einem Machtkampf gehören immer zwei Personen.

Oft entstammen wir völlig unterschiedlichen Familien und haben schon von daher verschiedene Erfahrungen und Träume im Gepäck. Niemand beherrscht von vornherein die Kunst, gerade mit *der* Person zusammenzuleben, mit der wir eine Familie gründen wollen. Ich bezeichne es als Kunst, weil hier Dinge zum Tragen kommen, die auch bei der Entstehung von wirklichen Kunstwerken eine Rolle spielen: Intuition, Ehrlichkeit, Lust, Selbstkritik und vor allem Übung, Übung, Übung. Dann mag es zu Augenblicken kommen, in denen das Gefühl des Gelingens Körper und Seele bis zum Rand erfüllt!

Es ist ein nahe liegender Gedanke, dass alles einfacher wäre, würde einem der Partner mehr gleichen. Auch gegen den Gedanken, den anderen in Reparatur zu geben, damit dieser möglichst runderneuert und fehlerfrei in die Familie zurückkehrt, ist an sich nichts einzuwenden. Man sollte allerdings wissen, dass beides unmöglich ist. Dasselbe gilt für Kinder, die mit ganz individuellen Eigenschaften auf die Welt kommen, deren Verhalten aber wesentlich davon abhängt, wie sich die Erwachsenen zu diesen Eigenschaften stellen.

Das Leben in der Familie handelt nicht von dem, was wir gemeinhin als Kindererziehung bezeichnen. Es wird im Wesentlichen von der Qualität bestimmt, die das individuelle und gemeinsame Leben der Erwachsenen hat. Diese Qualität beeinflusst das Wohlergehen der Kinder in weitaus höherem Maße, als es unsere bewusste »Erziehung« je könnte.

Verantwortung oder Gehorsam?

Welches Ziel verfolgen wir mit der Art und Weise, mit der wir unsere Kinder erziehen? Die Überschrift dieses Kapitels deutet bereits eine prinzipielle Wahlmöglichkeit an, und die hat man in vieler Hinsicht tatsächlich. Für Kinder ebenso wie für Erwachsene ist es jedenfalls unangenehm und verwirrend, wenn die Eltern diesbezüglich einen Zickzackkurs fahren.

Historisch betrachtet war Gehorsam über viele Generationen hinweg ein selbstverständliches Erziehungsziel. Die Gesellschaft im Ganzen war autoritär, was sich in den meisten Familien, in der Schule und am Arbeitsplatz widerspiegelte. Sozial bewährte man sich am besten, wenn man gelernt hatte, sich Autoritäten nicht zu widersetzen. Der Nutzen einer solchen Haltung in psychologischer und existenzieller Hinsicht darf jedoch bezweifelt werden.

Dann wurde die Gesellschaft plötzlich von einer antiautoritären, demokratischen Welle ergriffen. Die Frauen begehrten gegen die Unterdrückung auf; unser Wissen über Kinder explodierte förmlich und veränderte fundamental unsere Sichtweise auf sie und die Kindheit im Allgemeinen. Für mehrere Jahrzehnte standen sich die alte autoritäre Erziehung mit ihren starren Normen, Regeln und Strafen sowie eine freiere, demokratische Erziehung unversöhnlich gegenüber, bis viele von uns entdeckten, dass eigentlich keine dieser beiden Erziehungsmethoden wirklich überzeugend ist.

Darf man den Ergebnissen verschiedener Untersuchungen Glauben schenken, so schneidet diejenige Erziehung am besten ab, die man heutzutage als »autoritativ« bezeichnet:

Aussichtsreich ist eine Erziehung, in der die Eltern Autoritäten sind, ohne autoritär zu sein.

In der die Eltern ihre Macht anerkennen, ihre Führungsrolle nicht scheuen und für die Integrität ihrer Kinder Sorge tragen.

Die große Frage lautet allerdings: Wie macht man das? Zum Glück gibt es darüber viele verschiedene Ansichten und inzwischen auch die unterschiedlichsten Erfahrungen zahlreicher Familien.

Es ist nämlich eine Tatsache, dass diejenigen, die vor zehn Jahren Eltern wurden, die ersten Menschen überhaupt sind, die sich an dieser Art der Erziehung versuchen. Es reicht nicht, die vermeintlichen Fehler der eigenen Eltern vermeiden zu wollen oder sich unter den Experten und Autoren einen persönlichen »Guru« auszuwählen.

Kinder sind unglaublich verschieden, und dasselbe gilt für ihre Eltern. Was sich in der einen Familie bewährt, kann in der nächsten scheitern. Selbst häufig verwendete Begriffe wie »Grenzen«, »Fürsorge«, »Regeln«, »Aufmerksamkeit« usw. fassen wir, im Lichte eigener Erfahrungen und Anschauungen, unterschiedlich auf. Das ist unvermeidlich und gut so! Alles andere führt zu Uniformierung, macht die wichtigsten Menschen in unserem Leben zu Objekten und beschädigt ihre Integrität.

Zu unseren eigenen Werten finden

Wenn es um Kindererziehung geht, ist es also eine schlechte Idee, einfach nach einer passenden Methode Ausschau zu halten. Eine gute Idee ist es hingegen, sich Rechenschaft über seine Wertvorstellungen abzulegen:

Woran glaube ich?

Was sind die eigentlichen Bedürfnisse des Menschen?

Welche Werte, die mir meine Eltern vermittelten, haben sich als konstruktiv erwiesen, und welche sollte ich über Bord werfen?

Kinder wollen immer kooperieren und ihren Eltern jeden Tag Freude bereiten. Wenn sie es nicht tun, kann das vier Ursachen haben:

- Die Eltern haben die Fähigkeit verloren, sich zu freuen, und richten all ihre Energie auf die »Probleme«.
- Die Kinder können nicht noch mehr kooperieren, als sie es ohnehin schon tun, ohne Schaden zu nehmen.
- Die Kinder hatten nicht genügend Zeit, um verstehen zu lernen, was ihre Eltern sich wirklich wünschen.
- Die Erwachsenen legen ihren Kindern Steine in den Weg, ohne sich darüber im Klaren zu sein.

Natürlich haben wir es am liebsten, wenn unsere Kinder sich einigermaßen an das halten, was wir ihnen sagen, aber verlangen wir wirklich Gehorsam von ihnen? Wollen wir, dass sie etwas tun, nur weil wir es ihnen gesagt haben? Und wollen wir, dass sie sich in ihrem Leben fremden Autoritäten widerspruchslos fügen?

Wollen wir nicht vielmehr, dass sie sich zu eigenständigen, kritischen Persönlichkeiten entwickeln, die Verantwortung für ihre eigenen Entscheidungen übernehmen und sich weder unterdrücken noch verführen oder manipulieren lassen?

Lange Zeit haben sich Eltern gewünscht, dass ihre Kinder ersteres Verhalten zu Hause und letzteres draußen in der Welt an den Tag legen. Aber das ist ein Widerspruch, und Kinder sind nicht in der Lage, beide Forderungen gleichermaßen zu erfüllen, so gerne sie dies auch täten.

Wenn es Kinder und Jugendliche über einen längeren Zeitraum hinweg unterlassen, Dinge zu tun, die nicht nur unseren Wünschen entsprechen, sondern in ihrem eigenen Interesse liegen, dann geht in der Regel irgendetwas in der Familie oder auch nur zwischen Eltern und Kindern vor sich, das sie daran hindert. Dann verfolgen die Eltern unwillentlich einen falschen Weg und müssen dies korrigieren, damit das Kind seine Eigenständigkeit wiederentdecken kann.

Doch all diese Dinge müssen wir einfach auf uns zukommen lassen. Sie können nicht im Voraus entschieden werden. Zunächst müssen wir unsere Kinder – und uns selbst als Eltern – kennenlernen. Erziehung ist »learning by doing« – bis wir unseren eigenen Weg gefunden haben. Kinder brauchen keine perfekten Eltern, die über jeden Zweifel erhaben sind, sondern authentische Menschen aus Fleisch und Blut, die nicht alles wissen, doch stets bereit sind, sich weiterzuentwickeln.

Grenzen

Grenzen, und zwar diejenigen, die Eltern ihren Kindern setzen, funktionierten früher wie Polizeiverordnungen. Es gab Gesetze und Vorschriften für das Verhalten in den eigenen vier Wänden und für das Verhalten außer Haus, die sich oftmals von den Regeln für Erwachsene unterschieden.

Es war für Eltern noch nie leicht, ihren Kindern Grenzen zu setzen, doch gab es eine Zeit, in der ihr Verlauf einleuchtender und vor allem einheitlicher war. Es war auch nie leicht, Kinder dazu zu bewegen, sich an diese Grenzen zu halten. Es bedurfte stets einer Reihe von Ermahnungen, Konsequenzen, Aufforderungen und Verboten, bevor die Kinder die Grenzen akzeptierten oder lernten, ein doppeltes Spiel zu spielen. Das System funktionierte vor allem, weil die Erwachsenen das Recht hatten, Gewalt auszuüben.

Aus verschiedenen Gründen kamen die meisten Eltern nicht auf den Gedanken, ihr Verhalten zu ändern oder sich zu fragen, ob vielleicht mit dem System etwas nicht in Ordnung sei. Ob vielleicht die Grenzen an sich oder die Art und Weise, wie sie verordnet wurden, nicht angemessen waren. Es bestand allgemein Einigkeit darüber, dass im Zweifelsfall mit den Kindern etwas nicht stimmte, und so empfahlen sowohl erfahrene Eltern als auch Experten, die Grenzen noch enger zu ziehen. »Es muss doch Grenzen geben!«, sagten die Erwachsenen zueinander, während sie sich gegenseitig Absolution erteilten und weiterhin die Köpfe über den Unverstand der Jugend schüttelten.

Heute ist die Zeit der kollektiven Polizeiverordnungen

vorbei, und dasselbe gilt für das Recht der Erwachsenen, ihren Kindern Gewalt anzutun. Doch nicht für alle ist das Leben damit einfacher geworden. Oft muss fachliche Hilfe in Anspruch genommen werden, weil Eltern Schwierigkeiten haben, Grenzen zu setzen, und in vielen Familien gibt es große Probleme, ohne dass jemals ein Arzt oder Psychologe konsultiert wird.

Was sind Grenzen?

Grenzen bringen zum Ausdruck, was man will und was man nicht will; worauf man sich einlässt und was man ablehnt; was man mag und was man nicht mag; was man für sich selbst und seine Nächsten als gut oder schlecht empfindet. Es sind all die Normen und Regeln, von denen man selbst so überzeugt ist, dass man meint, sie sollten auch für andere gelten.

Einige Grenzen münden in praktische Regeln: Sollen die Kinder die Schuhe ausziehen, wenn sie ins Haus kommen, oder ist das gleichgültig? Soll die Familie gemeinsam essen, oder spielt das für Sie keine Rolle? Sollen die Betten gemacht werden, ehe die Familie das Haus verlässt, oder ist Ihnen das nicht so wichtig? Dürfen die Kinder fernsehen, so viel sie wollen, oder schränken Sie den Fernsehkonsum ein? Dürfen die Kinder einfach so ins Schlafzimmer platzen, oder sollen sie vorher anklopfen?

Andere Grenzen haben eher persönlichen Charakter: Ist es Ihnen unangenehm, wenn die Kinder Sie als Klettergerüst benutzen, wann immer sie Lust haben? Stört es Sie nicht weiter, wenn die Kinder das Badezimmer benutzen, während Sie auf dem Klo sitzen, oder möchten Sie lieber allein sein? Irritiert es Sie, wenn die Kinder fluchen und Kraftausdrücke benutzen, oder hat dies keinen Einfluss auf Ihr Wohlbefinden?

Schätzen Sie einen ruhigen Beginn des Tages, oder darf es am Morgen auch einmal lautstark zugehen?

Wieder andere Grenzen entsprechen übergeordneten Prinzipien und könnten z.B. lauten: Die Kinder sollen jeden Tag zu einer bestimmten Uhrzeit ins Bett gehen. Kinder sollen nicht alles hören, worüber die Erwachsenen reden. Kinder sollen lernen, an Gott zu glauben, sonst ist ihr Leben ohne Inhalt. Es tut Kindern gut, so früh wie möglich Pflichten zu haben.

Wo sind Ihre Grenzen?

Man sollte sich zunächst darüber klar werden, wo die eigenen Grenzen liegen, und möglichst auch darüber, warum dies so ist.

Ein persönliches Beispiel: Als ich vor gut 30 Jahren Vater wurde, war ich davon überzeugt, dass es das Beste für unseren Sohn wäre, wenn er von Beginn an in seinem eigenen Zimmer schliefe. (Die Mutter des Kindes war übrigens derselben Meinung.) Ich glaube, meine Überzeugung hatte drei Ursachen: Erstens bin ich selbst erst sehr spät in den Genuss eines eigenen Zimmers gekommen und wollte meinem Sohn diesen Luxus von Anfang an gönnen. Zweitens lag mir viel daran, dass unser Schlafzimmer auch weiterhin das Territorium der Erwachsenen blieb. Und zum Dritten hatte ich Bücher über Kindererziehung gelesen, die mich darin bestärkten, dass diese Haltung die richtige war. (Ich werde später darauf zurückkommen, was aus dieser Grenzziehung wurde.)

Falls es Ihnen so ergeht wie den meisten anderen auch, dann haben Sie keine Schwierigkeiten, diejenigen Grenzen zu vertreten, über die Sie vorher sorgfältig nachgedacht haben. Doch gibt es auch Grenzen, mit denen man sich erst beschäftigt, wenn sie von Kindern oder anderen Erwachsenen überschritten werden. Es ist eine gute Idee, sich mit beiden Arten von Grenzen zu beschäftigen. Sprechen Sie mit Ihrem Partner darüber oder auch mit Ihren Kindern, wenn diese alt genug sind, und finden Sie heraus, welche Grenzen Sie guten Gewissens vertreten können.

Durch bloßes Nachdenken legt man sich meist keine Rechenschaft über sie ab. In der Regel ist dazu ein Konflikt nötig. Vielleicht entdecken Sie erst in einer konkreten Situation, dass Sie und Ihr Partner unterschiedliche Auffassungen haben, oder Sie geraten in Zweifel, wie Sie sich am besten verhalten sollen.

Man sollte sich stets darüber im Klaren sein, dass die eigenen Grenzen nicht unbedingt der Wahrheit letzter Schluss sind. Sie mögen für alles gute Gründe haben, doch wenn Sie Ihre Grenzen für die einzig richtigen halten, kann dies erhebliche Konflikte nach sich ziehen.

Grenzen setzen

Vor 25 bis 30 Jahren war die Sache mit den Grenzen viel einfacher als heute. Das lag in erster Linie daran, dass zwischen der Erziehung in den Familien – in denen fast alle dieselben Grenzen zogen – und der Erziehung in Kindergärten und Schulen weitgehende Übereinstimmung herrschte. Die Erwachsenen besaßen eine größere Gewissheit als heute, was die »richtige« Erziehung anging. Waren Eltern in Zweifel, konnten sie sich im Familien- und Freundeskreis umhören und erhielten in der Regel gleichlautende Antworten. Mögen sie auch selbst gezweifelt haben, so erfuhren sie breite Unterstützung von ihrer Umgebung. Die meisten Erwachsenen waren felsenfest davon überzeugt, dass Kinder lernen müssten, sich ein- und unterzuordnen – notfalls unter Anwendung von Strafen und Gewalt. Unterschiede bestanden allenfalls zwischen den sozialen Schichten der Gesellschaft, doch innerhalb der eigenen Schicht konnte man sich seiner Erziehungsziele und -mittel gewiss sein.

Inzwischen ist viel geschehen, was die Werte und Normen in Familie und Gesellschaft betrifft. Unser Wissen über Kinder und ihre Entwicklung ist beträchtlich gewachsen. Im »Buch der Mutter« von 1925 rät man Eltern entschieden davon ab, gemeinsam mit ihren Kindern das Abendessen einzunehmen. Es folgten Jahrzehnte, in denen man es als besonders wichtig ansah, dass die Familie gemeinsam aß, während wir uns heute einer Situation annähern, in der die Eltern selbst entscheiden sollen, ob sie gemeinsame Mahlzeiten bevorzugen oder ob jedes Familienmitglied für seine Nahrungsaufnahme selbst verantwortlich sein soll.

Auf welcher Grundlage sollen Eltern dies entscheiden? Stehen psychologische oder gesundheitliche Aspekte im Vordergrund? Überwiegen praktische Gesichtspunkte wie Arbeitszeiten und Freizeitgestaltung? Geht es darum, was die Eltern als »gemütlich« betrachten? Welche Rolle spielen ihre eigenen Kindheitserfahrungen rund um die Mahlzeiten? Herrschte Entspannung und Heiterkeit oder peinliche Stille? Haben die Eltern Freude daran, schöne Mahlzeiten zuzubereiten, oder ist die Mikrowelle der neue Hausaltar der Familie? Und unabhängig davon, wie man sich entscheidet – will man mit dieser Entscheidung etwas erreichen oder etwas vermeiden? Sind es Träume oder Albträume, die familiäre Regeln und Grenzen steuern?

Wie dem auch sei – die uneingeschränkte und totalitäre Macht der Erwachsenen über die Kinder gehört in unserer Kultur fast vollständig der Vergangenheit an, und darüber sollten wir alle froh sein. Eine der gegenwärtigen Folgen ist jedoch, dass wir Erwachsenen neue Wege für die Gemeinschaft mit unseren Kindern finden müssen. Denn an der Erkenntnis, dass Kinder am besten innerhalb einer Familie aufwachsen, in der gewisse Grenzen existieren, hat sich nichts geändert. Nur bestehen diese Grenzen nicht mehr aus den Regeln und Verboten, die frühere Eltern aussprachen: Du musst! Du darfst nicht! Du sollst nicht!

Im Großen und Ganzen gibt es heute zwei Sorten von Eltern, die fast unweigerlich miteinander in Konflikt geraten. Zum einen die Eltern, die versuchen, an der alten autoritären Erziehung festzuhalten, zum anderen jene Eltern, die diese Form der Erziehung ablehnen, es jedoch schwer haben, etwas Neues, Besseres an deren Stelle zu setzen.

Erstere erleben ihre Kinder oft als rebellisch und respektlos, während in den Familien der zweiten Gruppe manchmal die Kinder das eigentliche Kommando übernommen haben – beides mit fatalen Folgen.

Der wichtigste Unterschied zu früher besteht darin, dass die Grenzen nicht mehr die Gestalt eines elektrischen Zauns haben, der die Kinder umgibt, sondern dass sie die persönlichen Grenzen der Eltern zum Ausdruck bringen. Statt zu fragen: »Was ist richtig für das Kind?« müssen wir uns fragen: »Was ist richtig für mich? – Und was bedeutet das für mein Kind?« Es gibt keinen verbindlichen Konsens, der uns darüber informiert, was üblich, richtig oder falsch ist. Stattdessen müssen wir uns selbst befragen, was für viele von uns eine neue und ungewohnte Aufgabe ist. Wir müssen, mit anderen Worten, herausfinden, wer wir sind und wer unsere Kinder sind – und das kann eine geraume Zeit in Anspruch nehmen.

Es wird oft gesagt, dass Kinder ihre Grenzen »austesten«, und es ist auch nicht weiter verwunderlich, dass viele Pädagogen und Eltern der Meinung sind, man solle den Kindern mehr Grenzen setzen und überhaupt strenger und konsequenter in der Erziehung sein. Meiner Erfahrung nach ist es jedoch zweckmäßiger, keine »Diagnose« zu stellen, sondern den Mangel oder die Sehnsucht eines Kindes zu ergründen.

> Kinder, die angeblich ihre Grenzen »austesten«, suchen gewissermaßen nach der wahren Persönlichkeit ihrer Eltern. Sie wollen wissen, wer ihre Eltern eigentlich sind und wofür sie stehen.

Kinder suchen ihre Grenzen (was den Umgang mit ihnen nicht einfacher macht), wenn die Eltern Schwierigkeiten haben, sich selbst und ihre persönlichen Grenzen zu finden. Wenn sie ihre Elternrolle nur »spielen«, d.h. einem vorgefassten Bild entsprechen wollen, wie Eltern vermeintlich zu sein haben.

Daher haben diese Eltern mit anderen Erwachsenen, ihren Partnern oder Kollegen, meist dieselben Probleme, die sie mit ihren Kindern haben. Was aber keineswegs heißt, dass sie in irgendeiner Form »schuldig« sind. Sie sind weder schlechte Eltern noch faule Erzieher, die sich endlich zusammennehmen oder eine bestimmte Methode oder Technik erlernen müssten. Ihre Kinder führen ihnen nur ein Problem in ihrem Leben vor Augen, das bereits existierte, bevor sie Eltern wurden.

Daran ist nichts Peinliches oder Ungewöhnliches. Die meisten von uns werden in einer Zeit ihres Lebens Eltern, in der wir uns selbst noch nicht gründlich kennen und unsere Grenzen gegenüber anderen Menschen nicht vollständig geklärt haben – auch nicht oder vor allem nicht gegenüber unserem Partner, mit dem wir ein Kind haben. In unserer Ursprungsfamilie haben wir etwas über unsere Grenzen gelernt, doch längst nicht alles. Von einigen verständlichen Grenzen mussten wir Abstand nehmen, weil unsere Eltern sie nicht akzeptierten, und einigen zweifelhaften Grenzen unserer Eltern mussten wir uns fügen. Manche unserer Grenzen wurden überschritten, andere ignoriert.

Unsere zweite (gegebenenfalls auch dritte, vierte oder fünfte) Familie ist daher der Ort, an dem wir unsere persönliche Entwicklung in gewisser Weise abschließen. Was unsere individuellen Grenzen betrifft, dauert dieser Prozess bei den meisten Menschen 10 bis 15 Jahre. Ein großer Teil dieser Entwicklung geschieht also im Zusammenleben mit den Kindern und wird von diesen maßgeblich inspiriert. Die Inspiration wird jedoch häufig als Irritation oder Frustration empfunden, und Eltern besitzen eine jahrhundertelange Erfahrung darin, diese Gefühle in Form von Kritik, Vorwürfen und Zurechtweisung an den Kindern auszulassen. All das schadet dem Selbstwertgefühl der Kinder und dem Zusammenspiel in der Familie. Doch was noch wichtiger ist: Indem die Integrität der Kinder gekränkt wird, lernen sie, dass es in Ordnung ist, die Grenzen anderer Menschen zu missachten! Und das äußert sich darin, dass sie die Grenzen ihrer Eltern missachten.

Sich persönlich äußern

Es ist zunächst nicht leicht, den Unterschied zwischen folgenden beiden Aussagen zu erkennen: »Du darfst das Bügeleisen nicht anfassen!« Oder: »Ich will nicht, dass du das Bügeleisen anfasst!« Der Sinn ist ja derselbe. In beiden Fällen will man das Kind davor bewahren, sich am Bügeleisen zu verbrennen.

Doch auf längere Sicht ist der Unterschied beträchtlich. Es ist der Unterschied zwischen einem Verbot und einer persönlichen Grenze. Man kann es auch als Unterschied zwischen einer »Ich-Aussage« und einer »Du-Aussage« bezeichnen.

Die Ich-Aussage oder persönliche Aussage stellt Kontakt zwischen Menschen her, während die Du-Aussage Distanz schafft und den Kontakt verhindert. Und der Kontakt zwischen Eltern und Kindern ist lebensnotwendig, wenn Kinder lernen und sich entwickeln sollen.

Sie können das ausprobieren, wenn Sie das nächste Mal einen Konflikt mit Ihrem Partner austragen. Wenn Sie beide übereinander sprechen (Du-Aussage), wird es zu einem unfruchtbaren Streit kommen. Sprechen Sie über sich selbst (Ich-Aussage), entsteht ein konstruktives Gespräch.

Kinder wollen gern mit ihren Eltern zusammenarbeiten und ihnen das geben, wonach sie verlangen. Das verschafft ihnen ein Gefühl von Glück und Zufriedenheit. Verbote und Kritik bewirken – wie bei Erwachsenen – das Gegenteil.

In der ersten Aussage »Du darfst das Bügeleisen nicht anfassen!« schwingt schon leise Kritik mit. Doch erst bei der fünften oder zehnten Wiederholung wird es richtig ungemütlich, weil die Kritik auf einmal sehr direkt vorgebracht wird: »Wie oft habe ich nicht schon gesagt ... Kannst du nicht hören?« Oder auch indirekt: »Das musst du doch langsam mal verstehen. Ich verliere allmählich die Geduld mit dir.«

Mit dieser Methode müssen Erwachsene zwangsläufig scheitern. Denn wie soll man lernen, die Grenzen anderer Menschen zu respektieren, wenn die eigenen permanent verletzt werden? Kinder und Eltern reagieren auf dieselbe Art und Weise: Sie wehren sich mit denselben Mitteln und kränken ihr Gegenüber.

Unabhängig davon, ob sie von Zorn, Erschrecken oder sanftem Entgegenkommen geprägt wird, hat die Aussage

»Ich will nicht, dass du das Bügeleisen anfasst!« eine entscheidende Qualität: Sie ist warmherzig. Möglicherweise erschrickt das Kind oder wird traurig, doch wird es nicht in seiner Integrität gekränkt. Seine eigenen Grenzen bleiben intakt, und so wird es allmählich lernen, seinen Eltern denselben Respekt entgegenzubringen, den sie auch ihm entgegenbringen.

Ich habe zunächst bewusst ein Beispiel gewählt, dem inhaltlich alle zustimmen werden. Dass man kleine Kinder vor der Berührung des heißen Bügeleisens bewahren muss, ist selbstverständlich. Darum fällt es auch nicht schwer, sich in solch einem Fall persönlich zu äußern.

Doch wie steht es mit diesem Beispiel: »Ich will nicht, dass du Klavier spielst!« (Anstatt: »Spiel nicht Klavier!« Oder: »Das Klavier ist kein Spielzeug!«) In dieser Situation kann man leicht unsicher werden. Man will doch die Kreativität seiner Kinder nicht unterdrücken. Vielleicht verhindern wir eine musikalische Karriere, noch ehe sie begonnen hat. Sollte man sich spontan und persönlich äußern? »Ich will jetzt meine Ruhe haben!« Oder ökonomische Gründe vorschützen? »Es ist so teuer, das Klavier ständig stimmen zu lassen!«

Und selbst wenn man die konkrete Situation meistert, so lastet doch die alte Forderung nach Konsequenz wie ein schweres Joch auf den Schultern. Es erfordert gründliches Nachdenken, ehe man aus dem Klavierverbot eine feste Regel macht. Und was oft noch schwieriger ist: Soll diese Regel wirklich aufrechterhalten werden, dann muss der Partner sie mittragen.

Ich will

Persönliche Grenzen haben u.a. den entscheidenden Vorteil, dass sie veränderbar sind. Es gibt Tage, an denen es einem nichts ausmacht, dass die Jüngste das Klavier mit den Ellbogen traktiert, während man es an anderen Tagen nicht möchte. Und das ist völlig in Ordnung. Der Dialog mit dem Kind könnte sich also folgendermaßen anhören:

»Ich will nicht, dass du jetzt Klavier spielst.«
»Warum nicht?«
»Weil ich den Lärm jetzt nicht aushalte.«
»Aber gestern durfte ich doch.«
»Ja, gestern fand ich es lustig zuzuhören.«
»Ach, lass mich doch, nur ein bisschen. Ich werd auch nicht so laut sein.«
»Nein, ich will das heute nicht.«
»Du bist doof!«
»Ja, ich kann gut verstehen, dass du das denkst, aber so ist es nun mal.«
»Dummer Papa!«

Und nun vergleichen Sie diesen Dialog mit einer unpersönlichen Form der Auseinandersetzung:

»Lass das Klavier in Ruhe! Das habe ich schon tausend Mal gesagt!«
»Aber warum denn?«
»Weil das Klavier kaputtgeht, wenn du nur darauf herumhaust. Wenn du größer bist, kannst du gerne Unterricht haben.«
»Aber es macht so viel Spaß.«
»Es macht aber keinen Spaß, das Klavier ständig stimmen zu lassen.«

»Ach, bitte ... nur ein bisschen.«

»Warum kannst du nie hören, wenn man dir etwas sagt! Geh jetzt in dein Zimmer und spiel mit anderen Sachen. Du hast so viel teures Spielzeug, das du nie benutzt. Los jetzt, ich meine es ernst!«

Der zweite Dialog ist vielen immer noch sehr geläufig. Das ist es, was wir selbst als Kinder gehört haben, und dasselbe sagen wir heute unseren Kindern, wenn wir uns nicht eines Besseren besinnen. Natürlich wollen wir ihr Selbstwertgefühl nicht schwächen oder die Atmosphäre unnötig belasten, doch geschieht dies unweigerlich – und zwar nicht infolge eines rätselhaften Naturgesetzes, sondern ausschließlich wegen der Worte, die aus unserem Mund kommen. Unabhängig von den Emotionen, die sie begleiten, sind sie kalt und herabsetzend und werden auch nur befolgt, wenn das Kind wirklich Angst vor den Konsequenzen hat. Diese Angst ist für die innige Beziehung zwischen Eltern und Kindern reines Gift – was natürlich auch für die Beziehung unter Erwachsenen gilt.

Eine warmherzige persönliche Äußerung beginnt mit den Worten »Ich will ...« oder »Ich will nicht ...« – »Ich mag ...« oder »Ich mag nicht ...« – »Ich bin einverstanden ...« oder »Ich bin nicht einverstanden ...«.

Vielen von uns fällt es schwer, sich anderen Menschen – selbst nahen Familienmitgliedern – gegenüber direkt und persönlich zu äußern. Das liegt daran, dass unsere Eltern uns vermittelten, wir seien »aufmüpfig«, »frech« oder »unverschämt«, wenn wir so sprachen. Und das ist eine Schande, denn es hat dazu geführt, dass schon wir nicht bekamen, was wir dringend gebraucht hätten, nämlich Verständnis und Respekt gegenüber unseren persönlichen Grenzen und Bedürfnissen.

Glücklicherweise beherrschen alle Kinder zunächst die

persönliche Sprache, sodass wir sie später mit ihnen zusammen wieder auffrischen können: Beim Essen sagen sie unumwunden: »Ich mag nicht!«, wenn es ihnen nicht schmeckt oder: »Ich will nicht!«, wenn wir der Meinung sind, sie müssten mal wieder die Haare gewaschen bekommen.

Wenn wir diese Äußerungen respektieren und gemeinsam mit den Kindern nach einer Lösung suchen, werden auch sie Respekt vor den Grenzen anderer Menschen entwickeln. Kommt es hingegen zu einem Machtkampf, werden auch sie später Machtkämpfe austragen.

Veränderte Grenzen

Grenzen sind überaus vielfältig. Zum einen handelt es sich um sehr persönliche, fast private Grenzen, wie z.B. das Vertrauen in andere Menschen. Werden wir in einem Liebesverhältnis schwer verletzt, können Jahre vergehen, bis wir eine andere Person wieder nahe an uns heranlassen, auch wenn diese Person nie auf den Gedanken käme, uns auf dieselbe Weise zu kränken. Wir müssen das Vertrauen in andere mühsam wieder aufbauen und brauchen hierzu die Gewissheit, dass unsere eigenen (oft schwer verständlichen) Grenzen respektiert werden.

Die Grenzen, die wir Kindern setzen, tragen oft einen anderen Charakter. Sie haben mit unseren Ideen und Überzeugungen zu tun und sind daher leichter zu ändern, falls wir für entsprechende Signale empfänglich sind.

Wie bereits erwähnt, waren meine Frau und ich einst der Meinung, unser kleiner Sohn solle sich frühzeitig daran gewöhnen, in seinem eigenen Zimmer zu schlafen. Diese Überzeugung war so hartnäckig, dass wir zwei Jahre lang oft mehrere Stunden darauf verwendeten, ihn zum Schlafen zu bringen. Wie so viele andere Eltern saßen wir lautlos an seinem Bett und versuchten uns irgendwann klammheimlich aus dem Zimmer zu stehlen. Dennoch wachte er in neun von zehn Fällen wieder auf. Zwei Jahre dauerte es, bis wir begriffen, dass wir das Gegenteil von dem erreichten, was wir erreichen wollten. Unsere »freie Zeit« nahm ab, weil wir abwechselnd an seinem Bett wachten. Statt seine Selbstständigkeit zu fördern, förderten wir seine Abhängigkeit. Statt uns nach einem langen Arbeitstag entspannen zu können, hielten wir an seinem Bett die Luft an, um ihn nicht zu stören. Doch erst als wir unsere Dummheit durchschauten und uns ein größeres Bett anschafften, konnten wir endlich aufatmen.

Ein weiteres Signal, die eigenen Meinungen und Überzeugungen zu überdenken, sind »destruktive Konflikte«, also gleichbleibende Konflikte, die sich ständig wiederholen und sowohl Kinder als auch Erwachsene immer frustrierter und negativer werden lassen.

Hierbei kann es sich zum Beispiel um die Schlafenszeit handeln. Viele Eltern sind der Meinung, dass insbesondere kleinere Kinder zu einer bestimmten Zeit im Bett liegen sollten. Entwickelt sich daraus jedoch ein destruktiver Konflikt, sollten die Eltern in sich gehen und folgende Überlegung anstellen: Warum sind wir überhaupt der Meinung, dass es feste Schlafenszeiten geben sollte? Haben wir die Überzeugung, dies sei das Beste für das Kind, von anderen Menschen übernommen? Oder ziehen wir eine solche Lösung selber vor?

Im ersten Fall handelt es sich um eine unpersönliche Grenze, die auf Dauer schwer aufrechtzuerhalten ist. Falls die Regelung unseren eigenen Bedürfnissen entgegenkommt, müssen wir uns fragen, ob unser Kind vielleicht ein geringeres Schlafbedürfnis hat, als wir annahmen. Ist 19 oder 20 Uhr womöglich eine halbe Stunde zu früh? Das sollte man einfach ausprobieren. Wenn dies nicht hilft, können wir zur nächsten Frage übergehen: Ist an der Art und Weise, wie wir unser Kind ins Bett bringen, etwas nicht in Ordnung? Haben wir uns in Ruhe mit ihm beschäftigt, seit wir nach Hause gekommen sind? Konnten wir uns selbst entspannen, oder sind wir immer noch gestresst, wenn wir es ins Bett bringen? Geben wir ihm Zeit, sich umzustellen, oder verkünden wir von einem auf den anderen Moment, dass Schlafenszeit ist? Genießen wir die Zeit, in der wir es waschen, ihm die Zähne putzen und es ins Bett bringen, oder wollen wir diese Tätigkeiten so schnell wie möglich hinter uns bringen? Sollen wir unsere Überzeugung einfach über den Haufen werfen und das Kind selbst bestimmen lassen, wann es ins Bett geht? Oder sollen wir die Art und Weise ändern, mit der wir dies handhaben?

> Keine andere Familie auf der Welt ist mit unserer identisch. Also müssen wir gemeinsam experimentieren, um einen Weg zu finden, mit dem wir alle zufrieden sind.

Unsere Grenzen können sich natürlich auch verschieben, ohne dass es einen rationalen Grund dafür gibt. In der einen Woche genießen wir die Musik, die aus dem Kinderzimmer dröhnt, während wir sie in der nächsten Woche nicht ertragen können. Das ist vollkommen normal! Der Mensch ist kein ausschließlich rationales Wesen. Vielleicht entdecken die Kinder auch den einen oder anderen wunden Punkt bei ihren Eltern – aber was macht das schon? Sie müssen lernen, damit zu leben, genauso wie wir uns auf die Eigenheiten unserer Kinder einzustellen haben.

Wenn sich Grenzen ändern, kommt es einzig und allein darauf an, dass wir diese Änderung voll und ganz vertreten können. Es reicht nicht aus, die Änderung als vernünftig zu betrachten oder einfach den Rat eines Experten zu befolgen. Ihre individuellen Grenzen sind ein Teil Ihrer Persönlichkeit, für die Sie weder theoretische Erklärungen finden noch sich rechtfertigen müssen. Das heißt jedoch auch, dass solche Änderungen nicht den Charakter eines faulen Kompromisses haben dürfen. Sie sollen nicht um des lieben Friedens willen erfolgen, sondern um die Gemeinschaft mit dem Kind zu stärken.

Doch ist dieses Ziel nicht leicht zu erreichen. Manche Eltern tun sich so schwer, ihre eigenen Grenzen zu definieren – was zulasten aller Beteiligten geht –, dass sie die Hilfe von Freunden oder professionellen Ratgebern in Anspruch nehmen sollten. Viele von uns sind in Familien aufgewachsen, in denen wir unter allen Umständen den Vorstellungen unserer Eltern entsprechen und unsere Individualität verleugnen sollten. Es ist eine schmerzliche Erkenntnis, dass ausgerechnet das Verhalten, das uns die Liebe unserer Eltern bescherte, uns nun daran hindert, ein aufrichtiges und inniges Verhältnis zu unseren Kindern aufzubauen. Doch oft ist dieses innere Eingeständnis der einzige Weg, sowohl Selbstachtung als auch die Achtung der Kinder zu erlangen.

Wann wir scheitern

Wenn Kinder unsere Grenzen nicht respektieren, reagieren die meisten Eltern nach einem uralten Muster: Das müsse »Konsequenzen« haben, heißt es dann, oder »Strafe muss sein!«. Doch wie bereits erwähnt, funktioniert diese Methode nur dann, wenn die Kinder genügend Angst haben – eine Angst, die beide Seiten teuer zu stehen kommt.

Wenn ein Kind erfährt, dass seine Grenzen nicht respektiert werden, entwickelt es sich unweigerlich zu einer destruktiven oder selbstdestruktiven, also selbstzerstörerischen Persönlichkeit. Die Eltern verlieren das Vertrauen des Kindes und damit die einzigartige Nähe, die zwischen Eltern und Kind bestehen kann.

Wer andere Menschen – ob Kinder oder Erwachsene – bittet, seine Grenzen zu respektieren, der will ernst genommen und so akzeptiert werden, wie er ist. Das ist ein fundamentales Bedürfnis und die Voraussetzung dafür, dass wir uns in der Gemeinschaft mit anderen Menschen wohlfühlen.

Kinder können und wollen ihre Eltern ernst nehmen, doch müssen sie zunächst erfahren, dass sie selbst ernst genommen werden und dass sich die Eltern untereinander mit demselben Respekt begegnen.

Gerade weil das Bedürfnis, ernst genommen zu werden, so tief in uns verankert ist, können wir uns über Dinge ärgern, die andere vielleicht als völlig unbedeutend erachten. Dann erregen wir uns nicht über die Uneinigkeit an sich, sondern darüber, dass wir uns selbst als bedeutungsvoll empfinden und gerne wollen, dass auch der andere es tut.

Daher kommt es oft zu Auseinandersetzungen zwischen Eltern und größeren Kindern, die sich in etwa so anhören:

»Es stört mich, dass deine Jacken ständig im Flur rumfliegen!«
»Ach, ist doch egal!«
»Nein, das ist nicht egal! Die haben viel Geld gekostet ...«

Der Erwachsene wäre authentischer, würde er Folgendes sagen:

»Wie du mit deinen Jacken umgehst, ist deine Sache, doch es stört mich, wenn du glaubst, mir sei es egal.«

Es ist wichtig, dass wir darauf bestehen, von unseren Nächsten ernst genommen zu werden. Falls sie es nicht tun, sollten wir mit ihnen reden, um herauszufinden, was sie daran hindert, uns ernst zu nehmen. Zwischen Eltern und Kindern wird man oft auf Folgendes stoßen: Je weniger wir hinter den Grenzen stehen, die wir setzen, oder je mehr wir unsere Elternrolle nur »spielen«, desto schwerer fällt es den Kindern, uns ernst zu nehmen. Kinder können Erwachsene nicht ernst nehmen, wenn diese ihnen unentwegt etwas vorspielen – sei es nun die Rolle der Mutter, des Vaters oder des Lehrers.

Wenn Erwachsene das Gefühl haben, dass ihre Grenzen von ihren Kindern ständig missachtet werden, dann sollten sie das Gespräch mit ihnen suchen. Wählen Sie einen möglichst entspannten Zeitpunkt und sagen Sie zum Beispiel:

»Wenn ich dich bitte, meine Grenzen zu respektieren, dann rechne ich damit, ernst genommen zu werden. In diesem Punkt scheint dir das offensichtlich schwer zu fallen, und ich möchte gern wissen, woran das liegt.«

Kinder wissen oft sehr genau, warum sie dies und jenes nicht ernst nehmen können. Manchmal sind Normen und Regeln einfach nicht nachvollziehbar, oder sie wurden in einem Ton verkündet – im Befehlston oder von persönlicher Kritik begleitet –, der ihre Akzeptanz erschwert. Am fruchtbarsten sind die Gespräche, in denen gewisse Grenzen quasi unter der Hand vermittelt werden. Das Wichtigste ist, dass die Erwachsenen die Ansichten ihres Kindes ebenso ernst nehmen, wie sie selbst behandelt werden möchten. Wenn die Erwachsenen nicht mit gutem Beispiel vorangehen, sind sie zum Scheitern verurteilt. Dann bleiben nichts als Schuldgefühle, Spannungen und Konflikte.

Sich gemeinsam entwickeln

Wir leben in einer Zeit, in der wir endlich begriffen haben, dass zwischen Kindern und »richtigen Menschen« kein Unterschied besteht. Der Umgang mit Kindern gestaltet sich nicht prinzipiell anders als der Umgang mit Freunden. Wir können und wollen ihnen nicht alles beibringen, doch unter unserer Führung wollen wir uns in gleichwürdigen Gemeinschaften zusammen mit ihnen entwickeln.

Wenn Kinder unsere Grenzen missachten, lernen wir uns selbst kennen. Wenn wir sie kränken, verrät uns der Schmerz in ihren Augen, dass wir sie noch nicht gut genug kennen. Vielleicht sind wir halbgute Eltern, wenn wir sie bekommen – zu richtig guten werden wir erst durch einen Entwicklungsprozess, der manchmal ein Leben lang anhält.

Empathie

Sigmund Freud, der Begründer der Psychoanalyse, war der Meinung, Kinder würden nicht mit empathischen Fähigkeiten geboren, sondern einzig und allein von ihren primitiven Trieben gesteuert, was später bei allen, die sich mit der kindlichen Entwicklung beschäftigten, ein viel diskutiertes Thema wurde.

Erst als Forscher mit der Zeit begannen, das Zusammenspiel zwischen Mutter und Säugling immer genauer in Augenschein zu nehmen, hat sich das Bild entscheidend geändert. Inzwischen ist in vielen Studien sorgfältig dokumentiert worden, was der international renommierte Säuglingsforscher und Entwicklungspsychologe Daniel N. Stern als »Einfühlung« bezeichnet: nämlich die Fähigkeit, die Gefühle eines anderen zu erspüren, sich gewissermaßen in sie hineinzuversetzen.

Kindern ist diese Fähigkeit tatsächlich angeboren, und so ist ein Teil ihrer Aufmerksamkeit fast ununterbrochen auf die emotionale Gestimmtheit ihrer Eltern gerichtet – was diese als Einzelpersonen und als Paar betrifft.

Ist Empathie das gleiche wie Mitgefühl?

Empathie wird oft als Fähigkeit zum Mitgefühl missverstanden. Doch Mitgefühl setzt voraus, dass man ähnliche Erlebnisse und Gefühle hatte wie derjenige, dem man das Mitgefühl entgegenbringt.

Stellen Sie sich ein vierjähriges Mädchen vor, das mit seinen Eltern aus einem Kriegsgebiet geflüchtet ist. Eine kleine rote Lacktasche ist alles, was es besitzt. Eines Tages ist die Tasche verschwunden. Die Eltern versuchen ihre Tochter vergeblich zu trösten und zu beruhigen, bis eine andere Vierjährige ihr ruhig die Hand auf den Arm legt und sagt: »Ich hab mal meinen Teddy verloren.« Dieses Verhalten zeugt von Empathie *und* Mitgefühl. Ein anderes Kind hätte vielleicht gesagt: »Ach, vergiss die blöde Tasche. Deine Mutter kann dir doch einfach eine neue kaufen.«

Da man Kindern früher die Fähigkeit zur Empathie absprach, bestand die Erziehung darin, ihnen beizubringen, wie man sich in verschiedenen Situationen zu benehmen habe. Man standardisierte das Verhalten für bestimmte soziale Kontexte – ein Verhalten, das die Kinder gewissermaßen auswendig lernten, ehe sie als Jugendliche und junge Erwachsene ihre empathischen Fähigkeiten entwickeln sollten.

Heutzutage ist eine solche Erziehung weitaus weniger verbreitet, und mitunter hört man Klagen, den Kindern von heute fehle es an Empathie, sozialer Kompetenz und Gemeinschaftssinn. Kinder erscheinen manchem schlicht »unerzogen«, und die Forderung nach mehr Empathie trägt zuweilen schon moralisierende Züge.

Es gibt nur wenige Kinder im Alter von drei bis vier Jahren, deren Verhalten offenbart, dass ihre angeborene Fähigkeit zur Empathie möglicherweise gestört oder verloren gegangen ist. Diese Kinder spüren nicht, wenn sie anderen wehtun, und moralische Ermahnungen machen keinen Eindruck auf sie. Zu ihnen werden wir später zurückkehren.

Zunächst ist es wichtig, die empathischen Fähigkeiten von dem Verhalten zu unterscheiden, das man in verschiedenen Kulturen mit ihnen verbindet. Wie man seine Empathie anderen Menschen gegenüber zum Ausdruck bringt, ist das Resultat eines langen Lernprozesses und bedarf vieler guter Beispiele von Eltern und anderen, mit denen Kinder täglich Kontakt haben.

Nehmen wir folgendes Beispiel: Lisa sitzt im Sandkasten und backt Sandkuchen. Das weckt das Interesse von Mathias, der ihr Förmchen haben will, doch Lisa gibt es ihm nicht. Mathias weint. Was soll Lisa tun?

Die rasche, traditionelle Antwort wäre, dass Lisa ihm ihr Förmchen leihen soll, weil Mathias sonst traurig ist. Man muss lernen zu teilen – den meisten Erwachsenen kommt dieser Satz ganz automatisch über die Lippen. Doch was soll das eigentlich heißen? Soll man seinen Mitmenschen immer das geben, wonach sie verlangen, weil sie sonst traurig werden?

Soll die Vierzehnjährige mit ihrem Freund schlafen, weil er sonst frustriert ist? Soll der erwachsene Sohn seine Eltern besuchen, weil sie sonst traurig sind? Soll ein Jugendlicher an seiner langweiligen Ausbildung festhalten, damit er seinen Vater nicht enttäuscht? Soll eine Frau das monatliche Treffen mit ihren Freundinnen aufgeben, weil ihr Mann etwas dagegen hat?

Ganz so einfach ist es eben nicht. Lisa spielt also mit ihrem Förmchen und spürt, dass Mathias traurig ist, weil sie es ihm nicht gibt. Wir Erwachsene sollten Lisa eventuell helfen, sich ihrer eigenen Bedürfnisse bewusst zu werden, um eine Entscheidung treffen zu können, für die sie auch einstehen kann. Das ist gutes menschliches Miteinander. Doch in solchen Konfliktsituationen geschieht es oft, dass Erwachsene Mitleid mit dem unglücklichen Kind haben und vom anderen Kind verlangen, dass es dem Mitleid der Erwachsenen Rechnung trägt. Das ist weder gerecht noch empathisch.

Das bedeutet natürlich nicht, dass wir auf die Gefühle anderer keine Rücksicht nehmen sollen, doch das lernen Kinder in erster Linie in der Gemeinschaft mit ihren Eltern –

durch die Empathie und das Mitgefühl, das sie von ihnen empfangen. Es gibt natürlich auch Menschen, die glauben, dass gerade Jungen sich frühzeitig an die Härte und Ungerechtigkeit des Lebens gewöhnen sollten. Empathie und Mitgefühl, so meinen sie, verhindere, dass die Jungen hart genug werden, um den Herausforderungen des Lebens später gewachsen zu sein.

Kinder mit mangelnder Empathie

Doch zurück zu den wenigen Kindern, die ihre empathischen Fähigkeiten eingebüßt haben. Sie finden sich vor allem in zwei Arten von Familien:

Zum einen in den Familien, in denen Kinder psychischer und physischer Gewalt und/oder sexuellen Übergriffen ausgesetzt sind. Sie erleben, dass ihre Grenzen nicht respektiert werden, und verlieren gleichzeitig ihr Gespür für andere Menschen. Sie brauchen Erwachsene, die bereit sind, ihnen ein großes Maß an Wärme, Mitgefühl, Fürsorge und Unterstützung entgegenzubringen, bis ihre natürlichen Grenzen und Empfindungen wieder hergestellt sind.

Zum anderen sind da die Familien, in denen die Eltern sich als Servicestation verstehen. Das sind Mutter und Vater, die alles daransetzen, ihre Kinder von unangenehmen Erfahrungen und Gefühlen fernzuhalten und die Familie zu einer Art Miniparadies machen, in dem niemand frustriert oder unglücklich sein muss. Diese Kinder wachsen in einer Gemeinschaft auf, in der die großen, wichtigen Gefühle verboten sind und in der die Eltern es sich zugute halten, ihre eigenen Gefühle zu verbergen. Somit wird den Kindern keine Möglichkeit gegeben, ein Gespür für die Gefühle anderer zu entwickeln, was sich zeigt, wenn sie in den Kindergarten oder in die Schule kommen.

Beinahe dasselbe geschieht in Familien, in denen die Eltern Konflikten partout aus dem Weg gehen und noch den geringsten Wunsch der Kinder erfüllen wollen. Die Eltern verleugnen ihre eigenen Grenzen und verbergen sowohl ihre logischen als auch ihre irrationalen Emotionen. Ihren Kindern verwehren sie somit die Möglichkeit, sich auf andere Menschen einzustellen und diese zu respektieren. Dabei hätten die Kinder Eltern nötig, die ihre Grenzen *im eigenen Interesse* setzen, die lebendig, warmherzig und irrational sind und die Konflikte austragen, ohne damit die liebevolle Beziehung zwischen Eltern und Kindern in Frage zu stellen.

Hier also noch einmal zusammengefasst die wichtigsten Voraussetzungen, die unabdingbar sind, damit Kinder ihre angeborenen empathischen Fähigkeiten und ihr soziales Potenzial auch entfalten können:

- Ihr Einfühlungsvermögen darf nicht zerstört werden.
- Eltern müssen ihre eigenen Gefühle und Grenzen klar zum Ausdruck bringen.
- Eltern müssen ihren Kindern mit Empathie und Mitgefühl begegnen.
- Kinder müssen Enttäuschung, Frustration und Schmerz erleben können, ohne dass ihre Gefühle negiert oder relativiert werden.
- Eltern sollten gut »zusammenarbeiten« und auch in ihrer Partnerschaft Hilfsbereitschaft demonstrieren.
- Die Familie muss als Ort verstanden werden, an dem jeder gesehen, gehört und ernst genommen wird – nicht allein die Kinder oder derjenige, der am lautesten schreit.
- Statt Moralpredigten zu halten müssen Eltern Kindern Möglichkeiten eröffnen, wie sie anderen Kindern ihr Mitgefühl zeigen können.

Empathie und Mitgefühl unter Erwachsenen äußern sich auf verschiedenste Weise – selbst innerhalb ein und derselben Kultur. Sie können verbal oder durch Gestik und Mimik zum Ausdruck gebracht werden. Manche Menschen neigen auch dazu, sich in Schweigen zu hüllen und respektvollen Abstand zu wahren. Kinder kopieren das Verhalten der Erwachsenen, die ihnen am meisten bedeuten; daher nützt es nichts, ihnen gewisse Verhaltensweisen als positiv oder negativ darzustellen. Einem Kind oder Jugendlichen rundheraus die Empathie abzusprechen, ist in der Regel ein Irrtum und keinesfalls ein Zeichen von Empathie.

Gibt es ein Trotzalter?

Ungefähr zu Beginn des dritten Lebensjahres bringen Kinder ein neues Verlangen zum Ausdruck – das Verlangen nach bzw. den Willen zu größerer Selbstständigkeit und Unabhängigkeit von den Eltern. Traditionellerweise wird diese Phase (die eigentlich 18 Jahre lang anhält!) als »Trotzalter« bezeichnet. In den USA wird sie manchmal auch »the trouble 2's« oder »the terrible twos« (»das schreckliche zweite Jahr«) genannt. Beide Bezeichnungen bezeugen eine alte Tradition, der zufolge die Erwachsenen jeden Konflikt mit einer bestimmten Entwicklungsstufe des Kindes in Verbindung bringen. Doch heute wissen wir, dass die Ursachen komplexer sind. Sie haben mit der Entwicklung des Kindes, aber auch mit der Fähigkeit und dem Willen der Erwachsenen zu tun, den Weg des Kindes zu begleiten. Darüber hinaus sagen die Konflikte in der Trotzphase etwas über die Qualität des Zusammenspiels zwischen Eltern und Kind in den vergangenen zwei Jahren aus.

Der Drang zur Selbstständigkeit

Kinder in diesem Alter wollen vor allem vieles selber machen: Zähne putzen, Schuhe anziehen, sich etwas zu essen aus dem Kühlschrank holen etc. Viele Eltern haben Schwierigkeiten damit, sich auf diesen Drang einzustellen. Wenn sie nur widerstrebend die totale Kontrolle aufgeben und sich nicht wirklich über den Selbstständigkeitsdrang ihrer Kinder freuen können, kommt es zu einem Machtkampf, der folgendermaßen aussehen kann:

»Selber Essen auftun!«
»Das schaffst du noch nicht. Ich mach das für dich.«
»Selber machen!«
»Nein, lass mich ... siehst du! Jetzt habe ich wegen dir das Essen verkleckert. Ich hab doch gesagt, du bist zu klein.«

In gewisser Weise haben die Eltern natürlich recht. Das Risiko ist groß, dass auf dem Weg von der Schüssel bis zum eigenen Teller etwas verloren geht.

Doch in der Kooperation zwischen Eltern und Kindern geht es nicht ums Rechthaben, sondern darum, den Kindern die Möglichkeit zu geben, all das zu lernen, was sie in wenigen Jahren beherrschen sollen. Darum müssen sie auch Dinge ausprobieren dürfen, die noch nicht einwandfrei funktionieren. Helfen sollte man ihnen erst dann, wenn sie darum bitten.

Kinder besitzen nahezu geniale Fähigkeiten, wenn es darum geht, etwas zu lernen. Unablässig versuchen sie Aufgaben zu lösen, die ein wenig zu schwer für sie sind. Erst in einer (viel) späteren Phase des Lebens lernen sie, ihre eigenen Grenzen zu erkennen und zu akzeptieren – doch zu diesem Zeitpunkt sind sie längst von zu Hause ausgezogen.

Wenn Kinder plötzlich zu erkennen geben, dass sie vieles selbst in die Hand nehmen wollen, dann tut man gut daran, sie in diesem Bestreben zu unterstützen und ihnen Hilfe anzubieten – sofern sie das wollen:

»Selber Essen auftun!«
»Gut, also da bin ich mal gespannt, ob du das schaffst.«
Wenn das Kind kleckert:
»Hoppla, das hätte ja fast geklappt. Soll ich dir helfen?«
»Nein, selber machen.«
»Okay, du kriegst das schon hin.«

Sollen am Morgen Jacke und Schuhe angezogen werden, ehe es in den Kindergarten geht, erklären viele Eltern ihre »Hilfsbereitschaft« damit, dass keine Zeit zu verlieren sei. Schließlich müsse man den Bus erreichen oder selbst rechtzeitig in die Arbeit kommen.

Zu diesem Argument muss ich leider sagen, dass es nur eine lausige Ausrede ist. Wenn Sie glauben, dass für die Entwicklung Ihrer Kinder am Morgen kein Platz ist, dann müssen Sie eben mehr Zeit einplanen.

Stellen Sie sich vor, derselbe Junge sei inzwischen acht Jahre alt und rackere sich mit den Hausaufgaben ab:

»Ich komme mit den Matheaufgaben einfach nicht klar!«
»Gib nicht zu schnell auf. Es dauert immer ein wenig, etwas Neues zu lernen. Wenn du keine Geduld hast, wirst du nie etwas lernen!«

Aber natürlich gibt es im Leben einer Familie Situationen, in denen auch die sorgfältigste Planung durch unerwartete Begebenheiten durchkreuzt wird. Wie soll man sich in diesem Fall verhalten? Man bringt seine Anerkennung für die Lernwilligkeit seiner Kinder zum Ausdruck und entschuldigt die eigene Eile:

»Ich weiß, dass du es selber versuchen möchtest, und das finde ich auch sehr schön, aber leider habe ich es gerade so schrecklich eilig – darf ich es für dich tun?«

In neun von zehn Fällen wird das Kind halbherzig einwilligen, womit man sich zufrieden geben muss, wenn man schon die Selbstständigkeit eines anderen Menschen beeinträchtigt und wichtige Lernprozesse unterbindet. Eltern verlieren weder ihren Einfluss noch ihre enorme Bedeutung für ihre Kinder, wenn sie ihnen diese wichtige Lehre vermitteln. Hingegen gewinnen sie ein wenig mehr Zeit und Raum für sich selbst und einander.

»Was du willst, das sollst du auch bekommen«

In den letzten zehn Jahren hat der Begriff der »Kleinen Tyrannen« mehr und mehr Verbreitung gefunden. Zwar haben viele Experten darauf hingewiesen, dass die Kinder an diesem Phänomen keine Schuld trifft, doch kursieren immer noch Bezeichnungen, die Kindern die Verantwortung für ein Verhalten in die Schuhe schieben wollen, das einzig und allein die Erwachsenen zu verantworten haben.

Die sogenannten Kleinen Tyrannen stellen unentwegt Forderungen, sind permanent unzufrieden und drängen sich immer und überall in den Mittelpunkt. Man kann nicht anders, als sich von ihnen tyrannisiert zu fühlen. Sie lassen jegliche soziale Kompetenz vermissen, sind egozentrisch und ohne jedes Fingerspitzengefühl.

So wie jedes andere destruktive Verhalten ist auch dieses Verhalten ein Symptom einer familiären Fehlentwicklung – ein sehr ernstzunehmendes Symptom! Entwickelt es sich über das fünfte, sechste Lebensjahr hinaus, ist wirklich Gefahr im Verzug.

Grenzen der Demokratie

Wir begegnen solchen Kindern oft als Mitglieder ansonsten völlig intakter Familien, in denen die Eltern sich ihrer Erziehungsaufgabe sehr wohl bewusst sind und viel über sie nachgedacht haben.

Generell lässt sich sagen, dass die Ursache für diese Erscheinung in der unglückseligen Tendenz begründet liegt, komplexe Probleme zu vereinfachen. Das geschieht häufig, wenn sich in der Gesellschaft allmählich eine neue Überzeugung durchsetzt oder wenn Fachleute neue Erkenntnisse veröffentlichen.

In den letzten Jahrzehnten hat sich beispielsweise folgende Ansicht verbreitet: Kinder haben das Recht auf eine Erklärung! Diese Parole wurde von einer Generation ausgegeben, die größtenteils nach dem Prinzip Befehl und Gehorsam erzogen wurde und berechtigterweise eine Begründung dieser Erziehung vermisste. Es war also eine gut gemeinte Idee, die leider wie viele gut gemeinte Ideen vereinfacht wurde. Das Resultat zeigte sich Jahre später in Gestalt einer Horde von Kindern, die geradezu süchtig nach Erklärungen sind. Ganz gleich, was man zu ihnen sagt, so fragen sie stets nach dem Warum, und man kann fast gewiss sein, dass sie die Antwort gar nicht interessiert oder sie diese gegen denjenigen verwenden, der ihnen antwortet.

Dieses Prinzip wurde ebenso von den Erwachsenen missbraucht, die Kinder unter dem Vorwand der Erklärung oft genug manipuliert und verführt haben.

Eine ähnliche Haltung liegt auch dem Phänomen zugrunde, mit dem sich dieses Kapitel beschäftigt – eine generell positive und entgegenkommende Haltung, die Kindern einen Einfluss auf ihre eigene Situation zubilligt. Kinder sollen zu nichts gezwungen werden und Eltern keine Diktatoren sein – und wehe dem, der dabei Böses denkt!

Das Problem ist nur, dass sich zuweilen das krasse Gegenteil einstellt: Kinder als Diktatoren, die den Erwachsenen quasi ihr Mitbestimmungsrecht verwehren. Auch für diese Form der umgekehrten Polarisierung gibt es historische Vorbilder. Als man in den dreißiger Jahren herausfand, dass Kinder, die ständig von ihren Eltern (und anderen Erwachsenen) kritisiert wurden, ihr Selbstvertrauen verloren, folgerte man daraus, dass man es mit dem Gegenteil versuchen müsse: Kinder sollten nun gelobt werden! Doch übersah man bei allem Eifer, dass das Selbstvertrauen von Kindern unter Lob genauso leiden kann wie unter Kritik. In der Diskussion über die richtige Erziehung besteht eine alte Tradition, in Gegensätzen statt in Alternativen zu denken – als gäbe es auf der gesamten Farbskala nur schwarz und weiß.

Ein Beispiel: Kürzlich hatte ich das Vergnügen, mit einer Familie zu sprechen, in der sich ein sogenanntes tyrannisches Kind befand. Es handelte sich um die zweieinhalbjährige Tochter, die ihrer Familie jede Luft zum Atmen nahm. Der deutlichste Beleg hierfür waren die Frühstücke, bei denen ihr 13 verschiedene Nahrungsmittel zur Verfügung standen. Doch die Tochter wollte keines von ihnen. Vermutlich hätte sie lieber 14 verschiedene zur Auswahl gehabt!

Ein ähnliches Drama spielte sich bei den übrigen Mahlzeiten und anlässlich vieler anderer Situationen ab. Die Eltern verfügten beide über eine gute Ausbildung und hatten sich Gott sei Dank ihren Humor bewahrt, doch erkannten sie sehr genau, dass die Verhältnisse untragbar geworden waren. Sie waren überzeugte Demokraten und vertraten die Überzeugung, dass Kinder genauso behandelt werden müssten wie alle anderen Menschen auch. Da sie finanziell abgesichert waren und über große emotionale Reserven verfügten, waren sie von Anfang an fest entschlossen gewesen, es ihrer Tochter an nichts fehlen zu lassen.

Kinder kooperieren

Viele Artikel ebenso wie unsere Kurse von »familylab« beschäftigen sich mit der Fähigkeit und dem Willen der Kinder zur Zusammenarbeit. Dass Kinder kooperieren bedeutet, dass sie das innere und äußere Verhalten der Erwachsenen nachahmen. Diese Nachahmung kann jedoch exakt oder spiegelverkehrt geschehen. Ein Kind, das mit täglicher Gewalt aufwächst, kann dieses Verhalten dadurch nachahmen, dass sich seine Gewalt ebenfalls nach außen richtet. Es kann die Gewalt aber auch spiegelverkehrt nachahmen, also nach innen richten und selbstdestruktiv werden.

Schließlich kann die Zusammenarbeit auch »klassischen« Charakter haben, indem das Verhalten des Kindes den Eltern sehr direkt vermittelt, was sie falsch machen und wie sie sich stattdessen verhalten sollen. Letzteres gilt für die Kinder, deren Eltern sich von ihnen tyrannisieren lassen. In die Sprache der Erwachsenen übersetzt, äußern sie sich in etwa so:

»Ich weiß, dass ihr nur mein Bestes wollt und darauf aus seid, dass ich glücklich und zufrieden bin. Doch ihr gebt mir das Falsche, deshalb bin ich immerzu fordernd und unzufrieden. Nicht weil ich zu viel des ›Guten‹ und nicht genug bekomme, sondern weil ich zu viel des ›Falschen‹ bekomme. In meinem Alter weiß man noch nicht, was gut oder schlecht für einen ist – zumindest nicht auf eine Art und Weise, über die man sprechen könnte. Mein Organismus weiß dies jedoch, deshalb bin ich glücklich und zufrieden, wenn ich das bekomme, was gut für mich ist, und unzufrieden, wenn ich das bekomme, was schlecht für mich ist. Doch mein Bewusstsein weiß davon nichts. Ich kann nur unwillkürlich reagieren und darauf hoffen, dass ihr euch bewusst macht, was schief zwischen uns läuft.«

Kinder können einen selbstbestimmten konstruktiven Beitrag erst leisten, wenn sie »Ja, ich will« oder »Nein, ich will nicht« sagen können, also in einem Alter von 2½ bis 3 Jahren, einer Phase, die eigentlich »Selbstständigkeitsalter« heißen sollte. Bis dahin sind sie weitestgehend darauf angewiesen, dass die Eltern ihre Signale mit Empathie deuten und die richtigen Entscheidungen für sie treffen.

Das bedeutet nicht, dass man die positiven und negativen Signale von Kindern in diesem Alter übersehen oder überhören sollte, doch sollen sie uns nur den Weg weisen, nicht die Entscheidung abnehmen. Kinder haben beispielsweise ein sehr unterschiedliches Schlafbedürfnis, das man erst allmählich kennenlernt. Kinder unter drei Jahren wissen bewusst noch recht wenig davon, was gut für sie ist. Darum sind sie in diesem Alter auch so extrem verletzlich, und daher tut man ihnen auch keinen Gefallen, wenn ihr Verhältnis zu den Eltern quasi demokratischen Charakter trägt.

Kleinkinder wissen immer blitzschnell, worauf sie gerade Lust haben. Darum besteht die Kunst der Eltern in dieser Phase unter anderem darin, ihnen das, was sie brauchen, auf eine Art und Weise zu geben, die auch ihre momentane Lust befriedigt.

Eltern müssen sich also Gedanken darüber machen, was ihre Kinder wirklich brauchen, und als Ergebnis einen Rahmen vereinbaren und bestimmte Grenzen setzen.

Um auf das Frühstücksbeispiel zurückzukommen, so müssen die Eltern herausfinden, was gut für das Kind ist (die Qualität und den Nährwert des Essens beurteilen), und danach eine Zeit lang experimentieren. Zum einen müssen sie natürlich die Reaktionen des kindlichen Organismus im Blick haben: Funktioniert die Verdauung? Gibt es Anzeichen für eine Allergie? Kurz gesagt: Reagiert der Organismus so, als werde er gut versorgt?

Will man seinem Kind darüber hinaus eine gewisse Wahlmöglichkeit geben, damit es nicht jeden Tag dasselbe essen muss, dann ist dagegen nichts einzuwenden, doch begrenzen Sie die Auswahl auf einige wenige Lebensmittel. Wenn das

Kind eines Morgens keinen Brei mehr essen mag, können Sie ihm Joghurt anbieten. Wenn es auch den Joghurt verweigert, ist das kein Grund zur Besorgnis. Dann könnten Sie sagen: »Es tut mir leid, aber etwas anderes als Joghurt haben wir nicht.« Kein Kind ist je gestorben, nur weil es ein paar Tage lang nicht gefrühstückt hat. Doch denken Sie stets daran: Keine Vorwürfe, keine Drohungen und keine honigsüße Manipulation. Falls Eltern damit anfangen, werden die Kinder sie unwillkürlich nachahmen (kooperieren).

Das ist eines der Dinge, die man von Familien lernen kann, deren finanzielle Situation eine größere Auswahl an Lebensmitteln einfach nicht zulässt. Wenn man diesen Kindern nicht vorwirft, dass sie vielleicht mehr Lust auf Joghurt als auf Cornflakes haben, dann kooperieren sie und essen ihre Cornflakes, ohne zu klagen.

> Das Wichtigste für Kinder ist wie immer
> die psychologische Nahrung,
> die sie von der Familie empfangen.

Falls der Schaden bereits eingetreten ist, wird es Zeit, die Normen zu überprüfen, die in der Familie beherzigt werden sollen. Danach muss man damit beginnen, neue Grenzen zu setzen. Was die Frage der Grenzen angeht, will ich an dieser Stelle noch einmal Folgendes unterstreichen:

> Es geht stets darum, sich persönlich
> zu äußern (»Ich will« oder »Ich will nicht«),
> herzlich zu sein (zu seinen Gefühlen zu stehen,
> ohne dem Kind die Schuld dafür zu geben)
> und das Kind nicht zu kritisieren,
> und zwar weder direkt noch indirekt.

Wenn das Kind die Grenzen der Eltern missachtet, haben dies die Eltern zu verantworten. Das Kind trifft daran keine Schuld. Falls sich entgegen bester Absichten doch ein sogenanntes tyrannisches Kind in der Familie entwickelt hat, wird man um zwei bis drei Jahre harte Arbeit nicht herumkommen – mindestens! Dies ist ein kräftezehrender Prozess, in dessen Verlauf es schwer fällt, seine Schuldgefühle nicht auf das Kind abzuwälzen oder selbst in ihnen zu ertrinken.

Daher kann es eine gute Idee sein, sich Hilfe von außen zu holen: bei Freunden, Familienmitgliedern und professionellen Beratern. Die Erfahrung hat zudem gezeigt, dass man gut daran tut, über den gegebenen Rat nachzudenken, bevor man ihn in die Tat umsetzt. Manche Experten sind mit den Diagnosen »hyperaktiv« oder »ADHS« (Aufmerksamkeitsdefizit-/Hyperaktivitätsstörung) schnell bei der Hand, ohne sich näher mit den Familienstrukturen beschäftigt zu haben. Vermutlich werden sie den Eltern raten, Grenzen in Form von Vorschriften und Verboten zu setzen oder den Fokus ganz und gar auf das Verhalten des Kindes zu lenken.

Wenn Sie also das Gefühl haben, dass Ihr Berater auf dem Holzweg ist, dann sollten Sie sich vergegenwärtigen, dass er nicht annähernd so viel über Ihre Familie weiß wie Sie selbst. Sie sollten ihm dabei helfen, Ihre Familie besser kennenzulernen, damit es zu einer fruchtbaren Zusammenarbeit kommen kann. Im Schlusskapitel, »Von der Kunst, sich beraten zu lassen«, erfahren Sie Näheres zu diesem Thema.

Aggression – ein notwendiger Teil des Familienlebens

Es besteht kein Zweifel, dass wir von Natur aus ein unterschiedliches Temperament besitzen. Manche sind zurückhaltend und in sich gekehrt, andere quirlig und aktiv, einige auch aggressiv – Letztere bezeichne ich als »Krieger«. Sie scheinen jede Herausforderung und jedes Hindernis, das sich ihnen entgegenstellt, mit der geballten Kraft eines Kriegers niederkämpfen zu wollen.

Manche Kinder weinen still in sich hinein, wenn sie frustriert sind, weil z.B. ihr Spielzeug nicht funktioniert. Die Krieger fangen an zu schreien, werfen das Spielzeug weg oder treten es mit dem Fuß. So werden sie sich bis weit ins Erwachsenenalter hinein verhalten, und es hat keinen Sinn, sie ändern zu wollen. Wir wissen nur wenig darüber, warum sie so geworden sind, doch wissen wir, dass es nicht einfach ist, mit dieser Veranlagung zu leben. Sie kostet eine Unmenge an Energie und macht die Beziehungen zu anderen Menschen kompliziert.

Von den »Kriegern« abgesehen, entspringt unsere Aggression – also Irritation, Zorn, Raserei und Hass – verschiedenen Quellen:

Angst ist eine davon. Angst vor Übermacht, Verlustangst, Todesangst.

Auch Schuldgefühle führen zu aggressivem Verhalten. Wenn wir die Schuldgefühle und Selbstkritik nicht länger ertragen können, beginnen wir andere zu kritisieren und ihnen die Schuld zu geben.

Doch die häufigste Ursache für Aggression ist wohl das Erlebnis, für unsere Nächsten nicht so wertvoll zu sein, wie wir es gerne sein möchten.

Sich wertgeschätzt fühlen

Zu erleben, dass wir von denjenigen geschätzt werden, die wir lieben und die uns am Herzen liegen, ist ein menschliches Grundbedürfnis, und das Gefühl des eigenen Werts ist das Fundament unseres Selbstbewusstseins. In einer Familie geschieht es unweigerlich, dass die Kommunikation zwischenzeitlich gestört ist. Sei es, weil wir uns unklar ausdrücken und missverstanden fühlen. Sei es, weil unsere Erlebnisse und Gedanken so verschieden sind, dass wir nur schwer zueinanderfinden. Oder unser Partner fühlt sich von uns abgewiesen oder alleingelassen, weil es uns nicht gelingt, gegenwärtig zu sein ... und so könnten wir noch ewig fortfahren, denn es gibt unzählige Dinge, die zeitweise den Kontakt blockieren und uns einsam machen.

Wenn dies geschieht, erleben wir uns nicht mehr als wertvoll füreinander oder für unsere Eltern – manchmal nur für kurze Zeit, doch zuweilen haben wir das Gefühl, als würde uns der Boden unter den Füßen weggezogen.

Zunächst reagieren wir aggressiv. Wir sind leicht reizbar und zornig. Solche Gefühle kommen auf verschiedenste Art und Weise zum Ausdruck. Frauen wird traditionellerweise nicht zugestanden, so ungehemmt aus der Haut zu fahren wie Männer, also weinen sie eher. Kinder durften seit Generationen keinen Schmerz zeigen, wenn sie von ihren Eltern gekränkt wurden, also entwickelten sie stattdessen sogenannte psychosomatische Symptome: Kopf- oder Bauchschmerzen, Fieber oder chronische Müdigkeit, um die häufigsten Erscheinungen zu nennen.

Männer verstummen oft und suchen Zuflucht vor dem Fernseher, hinter einer Zeitung, einem Jagdgewehr oder einer Angel. Aber das sind alles nur Spielarten, d.h. kulturell akzeptierte Arten der Aggression. Das gilt auch für diejenigen, die ihre Aggression – in Form von Selbstvorwürfen, Depressionen und Schuldgefühlen – konsequent nach innen richten, gegen sich selbst.

Wenn ein Familienmitglied plötzlich aggressiv wird, bedeutet das also: Ich fühle mich nicht so geachtet und wertgeschätzt, wie ich das gerne hätte, sondern fehl am Platze, als Außenseiter und Störfaktor. Genau aus diesem Grund ist es wichtig, der Aggression einen Platz in der Familie einzuräumen.

Die Aggression ist nicht der Feind der Liebe und Fürsorge. Sie ist eine der vielen Ausdrucksformen der Liebe. Wird sie ignoriert oder unterdrückt, beginnt sie zu wachsen und wird mit der Zeit vulkanisch oder eiskalt.

Eigentlich ist das unlogisch! Warum reagieren wir mit Aggressivität, Vorwürfen und Kritik, wenn wir uns nicht als wertvoll für die Gemeinschaft empfinden? Warum werden wir nicht traurig, was doch viel verständlicher wäre?

Die Erwachsenen haben oft das Gefühl einer allgemeinen Anspannung, einer latenten Gereiztheit, die dazu führt, dass man sich »ohne Grund« streitet. Ist dies der Fall, dann sollte man sich zusammensetzen und der Familie sozusagen den Puls fühlen.

Denn der Eindruck, dass wir für unsere Nächsten nicht so

wertvoll sind, wie wir gerne wären, ist keineswegs unbegründet. Wenden wir uns einem klassischen Beispiel zu:

Seit vielen Jahrhunderten war der Mann vor allem der Versorger der Familie, und seine Arbeit war nur selten mit Lust oder Interesse verbunden. Im wohlhabenden Teil der Welt hat sich das im Lauf der letzten Generation geändert, doch ein Mann mit Familie wird immer noch von der uralten Pflicht angetrieben, diese zu versorgen und ihre Lebensverhältnisse zu verbessern.

Und auch wenn die Frauen inzwischen den Arbeitsmarkt erobert haben, sind es oft sie, die die Nähe und Gemeinschaft mit dem Partner und den Kindern in den Mittelpunkt stellen. Schon haben wir den Konflikt: Er arbeitet hart, um die Bedürfnisse der Familie zu erfüllen und ihre finanzielle Situation zu verbessern; sie findet jedoch, dass er ihr und den Kindern zu wenig Beachtung schenkt.

Es gibt nur wenige Männer, die über genug Selbsterkenntnis und auch die nötige Sprache verfügen, um zu sagen: »Hör zu, gerade wegen meiner Familie gehe ich zur Arbeit.« Die Frau ist meist diejenige, die mehr Zeit zu Hause verbringt und mehr Sinn dafür hat, eine angenehme Atmosphäre zu schaffen, fühlt ihren Einsatz aber nicht ausreichend gewürdigt. Beide Partner bringen sehr viel Energie auf, um wertvoll für den anderen zu sein, spüren jedoch nicht, dass sie es auch wirklich sind.

Daher ist es wichtig, sich in regelmäßigen Abständen darüber Rechenschaft abzulegen, inwieweit wir versuchen, füreinander wertvoll zu sein, und ob dies überhaupt gelingt. Die Aggression einer der beiden Partner sollte Anlass sein, dieses Thema auf die Tagesordnung zu setzen.

Eltern spüren den Zusammenhang zwischen Wertschätzung und Aggression vor allem in der Beziehung zu ihren Kindern. In wohl kaum einer anderen Beziehung bekommen Eltern so schnell das Gefühl, nicht gut genug zu sein, nicht wertvoll, den Anforderungen nicht zu genügen – und sobald dies geschieht, beginnen manche von uns, mit ihren Kindern zu schimpfen, sie gar zu bestrafen oder zu schlagen. So wie die meisten Aggressionen entspringen auch diese einem Gefühl der Ohnmacht, eines Mangels und der Angst.

Ob Eltern tatsächlich gewalttätig werden oder »mit der Zunge schlagen« – wie manche Kinder es nennen, wenn mit ihnen geschimpft wird –, spielt für deren Wahrnehmung dieser Situation keine Rolle. So oder so verlieren sie das Gefühl, für ihre Eltern von Wert zu sein, und reagieren – genau: aggressiv! Entweder schimpfen oder schlagen sie zurück, hauen ihrer kleinen Schwester auf den Kopf oder wenden alles nach innen, empfinden Trauer und Schuldgefühle.

Eltern sind für ihre Aggressionen stets selbst verantwortlich. Die Kinder tragen niemals die Schuld daran. So sind wir Menschen nun mal beschaffen, also müssen wir aufpassen, dass aus der Aggression keine verhängnisvolle Spirale wird, die immer stärkere Aggressionen hervorruft. Als Erwachsene können wir miteinander sprechen und den Dingen auf den Grund gehen. Kinder sind auf unsere Empathie und unseren Willen angewiesen, wirklich verstehen zu wollen, was in ihnen vorgeht. Es ist niemals die Liebe der Kinder zu ihren Eltern, die auf dem Spiel steht, sondern ihr Selbstwertgefühl.

Essen in der Familie

Pädagogen haben ein schreckliches Wort erfunden und verbreitet: die »Ess-Situation« – als wäre mit der guten alten Bezeichnung »Mahlzeit« etwas nicht in Ordnung. Doch soll es hier nicht um Sprache gehen. Die Vorbemerkung war allenfalls der Aperitif zu einem Menü, das sich um Ernährung und Symbolik dreht.

Die gemeinsame Mahlzeit – oftmals das Abendessen – ist in mehrfacher Hinsicht eine spannende Begebenheit im Leben jeder Familie. Eine Mahlzeit für diejenigen zuzubereiten und zu servieren, die einem am Herzen liegen, hat viele Implikationen.

Die meisten von uns, die regelmäßig am Herd stehen, kennen die Empfindlichkeit des Kochs oder der Köchin gegenüber Kritik, unabhängig davon, ob sie sich auf die Menge oder die Qualität der Speisen bezieht. Das Essen, das wir unserer Familie, besonders unseren Kindern vorsetzen, ist so etwas wie ein unverhülltes Symbol für die Liebe und Fürsorge, die wir ihnen entgegenbringen. Darum erfüllt es uns mit Wärme, wenn es geschätzt, und mit Traurigkeit, wenn es kritisiert oder gar abgelehnt wird.

Das bedeutet, dass viele Konflikte, die sich am Essen entzünden, in Wahrheit andere Ursachen haben. Da das Essen jedoch etwas ist, das während der Mahlzeit buchstäblich zwischen uns steht, wird es oft zum Anlass von innerfamiliären Konflikten.

Geschmäcker sind verschieden

Manchmal geht es natürlich tatsächlich um das Essen oder die Ernährung im Allgemeinen. Wir wollen schließlich, dass sich die Kinder gut und gesund entwickeln. Manche Eltern versuchen daher, bei jeder Mahlzeit genauestens zu kontrollieren, was die Kleinen zu sich nehmen. Sie bestehen stets darauf, dass die Kinder auch ja genügend Gemüse essen, und genehmigen nur denjenigen einen Nachtisch, die zuvor ihren Teller geleert haben.

Doch wer seine Verantwortung auf diese Art wahrnimmt, handelt sich viel harte Arbeit und eine Unmenge von Konflikten ein. Viele von uns Erwachsenen haben nämlich vergessen, wie sensibel und vielfältig der Appetit und Geschmack unserer Kinder ist. So wundern wir uns beispielsweise darüber, dass sie von den Karotten, die sie immer so geliebt haben, plötzlich nichts mehr wissen wollen, und suchen nach allen möglichen Erklärungen, die meist sämtlich in die falsche Richtung gehen. Der Geschmack der Kinder verändert sich eben.

Alle Kinder – und viele Erwachsene – haben Perioden, die tage- oder auch wochenlang andauern können, in denen sie den Drang verspüren, sich einseitig zu ernähren. Wenn man nun die Kontrolle der Lebensmittel auf den Einkauf beschränkt und den Kindern ansonsten die Verantwortung für ihre Ernährung überlässt, dann wird man feststellen, dass sie diese innerhalb eines halben Jahres selbst regulieren. Es sei denn, die Kontrolle in der Vergangenheit war bereits so umfassend, dass sie das Gespür für die Bedürfnisse ihres Körpers verloren haben und sich nur noch danach richten, was ihren Eltern gefällt.

Die kindliche Reaktion auf eine solche Bevormundung ist allerdings gesund und natürlich: Zwingt man sie über einen längeren Zeitraum hinweg zu bestimmten Dingen, dann kann man fest davon ausgehen, dass sie irgendwann genau das Gegenteil tun werden.

Doch ist es nicht nur der Geschmack, sondern auch der Appetit der Kinder, der sich nicht steuern lässt. Er kann von Tag zu Tag, ja von Stunde zu Stunde großen Schwankungen unterliegen. Daher gefährdet es weder Ihre Autorität noch die Gesundheit Ihrer Kinder, wenn diese um 18 Uhr nur eine halbe Frikadelle und eine Kartoffel hinunterbekommen, eine Stunde später aber Appetit auf drei Portionen Cornflakes haben.

Es erfordert mindestens 25 Jahre harter Selbstdisziplin, zu einer bestimmten Uhrzeit hungrig zu werden. Eltern können also ganz entspannt bleiben und sich auf den Einkauf konzentrieren, damit zu Hause ein ausgewogenes Angebot an Lebensmitteln vorhanden ist.

Mahlzeiten bestehen nicht nur aus Kalorien, Proteinen und Ballaststoffen. Sie sind eine einzigartige Möglichkeit, in Ihre Familie hineinzuhorchen.

> Die Art und Weise, wie sich dem Essen gewidmet wird, die Atmosphäre bei Tisch, die Nähe oder Distanz der einzelnen Mitglieder, all das bringt unmittelbar zum Ausdruck, wie es um die Seele einer Familie bestellt ist.

In diesem Licht betrachtet, hat es natürlich keinen Sinn, eine Mahlzeit als etwas anzusehen, das nach bestimmten Spielregeln abzulaufen hat oder der vollständigen Kontrolle der Erwachsenen unterliegt. Denn das hindert alle daran, die eigene Familie besser kennenzulernen. Wer Ordnung und Struktur in eine per se chaotische und unstrukturierte Angelegenheit bringen will, der verhält sich nicht anders als der Vogel Strauß und steckt den Kopf in den Sand. Er verschließt die Augen und Ohren vor der Seele oder auch dem Herzschlag der Familie.

Das soll natürlich nicht heißen, dass man ein Chaos bei Tisch akzeptieren oder es einfach hinnehmen soll, wenn die Kinder während des Essens ständig hin und her laufen. Doch Disziplin hat noch nie Probleme gelöst, sondern sie immer nur für eine gewisse Zeit überdeckt.

Eine Familie ist weder richtig noch falsch. Sie ist, wie sie ist. Ein lebender Organismus, der manchmal mit sich im Reinen, ein anderes Mal in Aufruhr ist. Kritik und Verurteilung helfen nicht weiter. Je unwohler sich jemand in seiner Haut fühlt, desto weniger ist er in der Lage, sich »richtig« zu verhalten (auf Tischmanieren zu achten, sich gut zu benehmen etc.).

Wenn die gemeinsamen Mahlzeiten zum Problem werden, sollten sich die Erwachsenen zusammensetzen und zu ergründen versuchen, wo sich derzeit die Konfliktherde innerhalb der Familie befinden. Auch sollten sie sich stets bemühen zu unterscheiden, was für das Wohlergehen der Familie wirklich von Bedeutung und was reine Konvention bezüglich dessen ist, wie man sich bei Tisch »zu verhalten hat«. Denn bei näherer Betrachtung sind viele der Regeln und Normen rund um die Mahlzeiten nur sinnlose Relikte aus der eigenen Kinderzeit, die einer kritischen Überprüfung nicht standhalten. So sollten wir zumindest in dieser Angelegenheit verhindern, dass sich die Eltern noch mehr Arbeit, Verantwortung und Schuldgefühle aufhalsen, und sie stattdessen – im Interesse der gesamten Familie – von einer Bürde befreien:

Schaffen Sie die Ess-Situation ab und führen Sie die Mahlzeit wieder ein!

Der Vater in der Küche?

In der Geschlechterdebatte der letzten 30 Jahre sind Beschäftigungen wie Putzen, Wäschewaschen, Aufräumen und Kochen leider ausschließlich auf ihren »praktischen« Wert reduziert worden. Mit unglückseligen Folgen, denn wir lassen dabei einen der wichtigsten Aspekte dieser Tätigkeiten außer Acht, nämlich eine »Atmosphäre« zu schaffen, zu der kein Innenarchitekt in der Lage wäre. Viele Hausfrauen haben sich aus gutem Grund auf die Rolle der Köchin oder Putzfrau reduziert gefühlt. Heutzutage sind oft beide Eltern berufstätig, während sich die Kinder in Betreuungseinrichtungen befinden. Unter diesen Bedingungen ist es schwierig, zu Hause eine behagliche Atmosphäre zu schaffen. Gerade deshalb ist es wichtig, den sogenannten praktischen Tätigkeiten Anerkennung zu zollen, denn sie tragen dazu bei, eine ganz bestimmte Stimmung zu erzeugen – wozu sie nicht in der Lage sind, wenn sie ausschließlich als saure Pflichten wahrgenommen werden. Auch der Einkauf und die Zubereitung von Nahrungsmitteln ist ein ganz wesentlicher »Stimmungsmacher«.

Frauen haben oft mehr Gespür für alles, was mit der Atmosphäre zusammenhängt, als wir Männer. Daher geraten wir leicht in Situationen, in denen unser Beitrag für die Gemeinschaft ein wenig dürftig ausfällt oder in denen wir das Gefühl haben, ihr weniger dienlich zu sein als wir eigentlich möchten. Denken Sie daran: Es geht hier nicht um rohe Arbeitskraft oder eine gleichmäßige Verteilung der Aufgaben. Viele Aufgaben lassen sich hervorragend lösen, ohne die Atmosphäre im Geringsten zu beeinflussen. Es geht darum, diese Aufgaben in einem bestimmten Geist, mit einer bestimmten Haltung zu erledigen. Daher möchte ich meinen Geschlechtsgenossen vorschlagen, diejenigen zu sein, die sich in erster Linie um den Einkauf der Lebensmittel und das Zubereiten der Mahlzeiten kümmern. Darin liegt die einzigartige Möglichkeit, die Atmosphäre in ihrer Familie wesentlich zu beeinflussen und ihr eigenes Wohlbefinden zu erhören. Warum das so ist?

- Weil die Küche zugleich das eigentliche Herz und die »Kommandobrücke« der Familie ist. Hier kommt man am schnellsten mit allen Familienmitgliedern in Kontakt und erfüllt zudem eine wichtige Funktion.
- Weil es eine sehr konkrete, handlungsorientierte (maskuline!) Art ist, seine Familie im doppelten Sinn zu nähren und für sie da zu sein.
- Weil man täglich trainiert, Verantwortung für die Gemeinschaft zu übernehmen – was vielen Männern schwer fällt.
- Weil es eine praktische Möglichkeit ist, sich einige wichtige Fragen zu stellen: Welche Bedürfnisse haben die einzelnen Familienmitglieder? Wie kann ich diesen Bedürfnissen auf eine möglichst kreative Art gerecht werden? Wie bekomme ich die individuellen Bedürfnisse und Geschmäcker unter einen Hut?

Was tut man aber, werden Sie jetzt fragen, wenn man weder kochen kann noch die geringste Lust zum Einkaufen hat? Versuchen Sie stets, sich Ihren wertvollen Beitrag für die Gemeinschaft vor Augen zu führen, statt Einkaufen und Kochen als lästige Pflichten anzusehen. Kochen ist eine der effektivsten Entspannungsmethoden, wenn es mit Liebe und Umsicht geschieht.

Ob die anderen Familienmitglieder Ihnen denn gar nicht helfen sollen, wollen Sie wissen? Doch, sehr gern, aber machen Sie auch daraus keine Pflicht nach Schema F. Je mehr Sie Ihre Tätigkeit genießen, desto eher wird die Küche zum Magneten werden, von dem sich alle angezogen fühlen. Sie können der Hilfe gewiss sein, wenn es Ihnen gelingt, eine bestimmte Atmosphäre zu schaffen.

Jetzt werden Sie vielleicht einwenden, dass Sie beide berufstätig sind und einfach keine Zeit haben, dem Kochen so viel Beachtung zu schenken. Dieses Argument lässt sich natürlich nicht entkräften, doch mit guter Planung entschärfen. Zumindest sollten Sie sich einmal Gedanken darüber machen, wie Sie die Zeit besser nutzen können, die Sie ansonsten für Zufallseinkäufe verplempern, deren vorfabrizierten Resultate allzu oft in der Mikrowelle landen. Vielleicht kommen Sie ja zu der Erkenntnis, dass diese Zeit viel besser genutzt wäre, wenn Sie sich nahrhafte Lebensmittel besorgten und zu Hause eine wohlige Atmosphäre schafften.

Ihren Kindern sei das ohnehin egal, sagen Sie? Da irren Sie sich! Vielleicht überschütten sie den Koch nicht jeden Tag mit Komplimenten, doch auf lange Sicht geben Sie Ihren Kindern etwas sehr Wichtiges mit auf den Weg, das sie schätzen werden, wenn die Zeit reif ist. Versuchen Sie es! Lassen Sie sich ein Jahr Zeit, und Sie werden am Ende dem Mann Recht geben, der das Buch schrieb: »Frauen raus aus der Küche!« Viel Vergnügen!

Mythen über Kinder und Essen

Gerade weil die Nahrungsaufnahme so wichtig ist, gibt es zum Thema Essen in der Familie unzählige Vorurteile und überkommene Konventionen. Viele von ihnen sind so alt und sinnlos, dass es höchste Zeit ist, mit ihnen aufzuräumen. Die Erfahrung hat mich gelehrt, dass dies für viele Eltern ein sehr heikles Thema ist. Darum möchte ich Sie als Leser um zwei Dinge bitten: Überlegen Sie zunächst, warum es für Sie möglicherweise so provozierend ist, gewisse Dinge einmal zu hinterfragen. Vergegenwärtigen Sie sich die Vielzahl an Konflikten, die der Versuch, alte Regeln und Normen aufrechtzuerhalten, mit sich bringt. Sollte es in dieser Hinsicht keine

Konflikte bei Ihnen geben, dann besteht offenbar auch kein Grund, etwas zu ändern. Falls doch, dann könnten sich ein paar Gedanken durchaus lohnen. Lassen Sie mich nun einige gängige Aussagen bei Tisch unter die Lupe nehmen:

»Du sollst aufessen!«

In unserer Kultur ist es üblich, den Kindern schon frühzeitig die Verantwortung für ihren Appetit und ihre Verdauung wieder zu entziehen. Warum nur?

Einige Ursachen habe ich zuvor bereits angeschnitten. Die Nahrungsaufnahme ist eines der Gebiete, auf denen wir Eltern uns von Geburt des Kindes an wichtig und wertvoll fühlen können. Wohlgenährte Kinder gelten als gesunde Kinder, denen es ihre Eltern offenbar an nichts fehlen lassen. Sind die Kinder aber nicht hungrig oder zumindest nicht ausreichend hungrig, dann kennt der Erfindungsreichtum ihrer Eltern keine Grenzen:

»Brrr, da kommt das kleine Flugzeug ... haps!«
»Und einen Bissen für Mama, und noch einen Bissen für Papa ...«
»Iss, damit du groß und stark wirst!«
»Du hast dir selber aufgetan, also kannst du jetzt auch aufessen!«
»Den Nachtisch gibt es erst, wenn du den Salat gegessen hast!«

Kein Wunder, dass heutzutage viele unter Übergewicht leiden. Wir haben zwar hin und wieder protestiert, doch letztlich immer dem Bedürfnis unserer Eltern nachgegeben, sich als gute und wohlmeinende Eltern fühlen zu dürfen. Und wenn wir schließlich unsere eigenen Grenzen verleugnet und gelernt haben, zu einer bestimmten Uhrzeit hungrig zu werden, ordentlich zu essen, nichts auf dem Teller zu lassen, Speisen hinunterzuschlucken, die wir nicht mögen oder die uns Übelkeit bereiten usw., dann können unsere Eltern in aller Unschuld ihren Erziehungserfolg genießen – sie ahnen ja nicht, wie sehr wir für den Rest unseres Lebens unter dieser Erziehung leiden werden.

Manche Eltern führen auch ein ökonomisches Argument an: Es sei einfach zu teuer, die Lebensmittel wegzuwerfen. Das ist wohl wahr, aber dem lässt sich leicht vorbeugen. Wenn Sie Ihre Kinder bisher quasi mit Essen vollgestopft haben, dann könnten Sie es im Grunde auch bei der halben Menge bewenden lassen. Und wenn sich Ihre Kinder regelmäßig zu viel auf den Teller laden, dann versuchen Sie dieses Verhalten behutsam zu korrigieren und stellen sich darauf ein, dass der Lernprozess mehrere Jahre in Anspruch nehmen kann. Denn mit dem Essen verhält es sich wie mit vielen anderen Dingen auch:

> Je weniger die Erwachsenen sich einmischen, desto schneller lernen die Kinder, das Richtige zu tun.

Aber was ist, werden Sie einwenden, wenn sich unsere Kinder später in anderer Umgebung befinden und doch auch dort eine gute Figur abgeben sollen? Die Antwort lautet wiederum, dass Kinder meist problemlos mit zwei verschiedenen Wirklichkeiten zurechtkommen, einer heimischen und einer sozialen. Je mehr wir ihnen das Gefühl vermitteln, dass sie genau so richtig sind, wie sie sind, desto größer wird ihr Selbstvertrauen werden und desto besser werden sie sich auch außer Haus zu »benehmen« wissen.

Dasselbe gilt natürlich auch umgekehrt: Je mehr wir zu Hause an ihnen kritisieren, desto unsicherer werden sie und desto unangemessener werden sie sich unter anderen Leuten benehmen.

Schlussbemerkung

Mit dem Essen und den Mahlzeiten verhält es sich wie mit vielen Dingen in der Familie: Die Erwachsenen müssen sich nicht ständig ins Zeug legen, um ihre Kinder zu »erziehen«. Viel effektiver – und weitaus entspannender – ist es, wenn die Erwachsenen sich weitgehend darauf beschränken, ein gutes Beispiel zu geben und mit ihrem eigenen Verhalten zu einer Atmosphäre beizutragen, in der sich alle wohlfühlen. Denken Sie jedoch daran, dass zu einer solchen Atmosphäre auch sinnvolle Konflikte gehören. Harmonie lässt sich nicht verordnen. Doch wenn sich die Erwachsenen bei Tisch anständig benehmen, sich ausgewogen und abwechslungsreich ernähren, die Anstrengungen des Kochs honorieren und die Gemeinschaft der Familie genießen, dann werden sich die Kinder diesem Verhalten anschließen.

Aber natürlich müssen sie zwischendurch auch experimentieren dürfen: Sie müssen ausprobieren, ob es nicht viel schöner ist, vor dem Fernseher zu essen. Müssen sich dem hemmungslosen Genuss von Cornflakes, Pommes und Burgern hingeben. Müssen mal träge und gleichgültig im Essen stochern, um sich ein anderes Mal über unglaubliche Mengen herzumachen.

Bleiben Sie gelassen, liebe Eltern!
Genießen Sie das Essen, genießen Sie einander und die Kinder.
Eine bessere Erziehung gibt es nicht.

Natürlich kann man es auch anders halten, so wenig Geld wie möglich für das Essen ausgeben und ihm kaum Beachtung schenken. Mir persönlich geht eine solche Einstellung gegen den Strich, doch objektiv lässt sich dazu wohl nur Folgendes sagen: Das Resultat einer Sache hängt immer davon ab, wie viel man vorher in sie investiert hat. Wenn Sie wenig investiert haben, müssen Sie eben viele Konflikte, ein allgemeines Chaos und schlechte Essensgewohnheiten in Kauf nehmen.

Die Eltern von heute dürfen nicht erwarten, dass ihnen der Staat oder der Arbeitgeber genügend Zeit zur Verfügung stellt, um zu lieben, zu schlafen, zu essen und zu spielen. Sie müssen sich die Zeit selbst nehmen, denn ohne diese Dinge verliert die Familie ihren Sinn.

Die gleichwürdige Beziehung

Die Betrachtung von Kindern, Jugendlichen und Erwachsenen als gleichwürdige Individuen hat gleichermaßen große Freude und fundamentale Skepsis ausgelöst. Die Beschreibung einer idealen Beziehung zwischen Eltern und Kindern, die auch das Verhältnis zu professionellen Ratgebern oder Therapeuten mit einschließt, hat die Gemüter gespalten.

Als mich der norwegische Kinderpsychologe Prof. Magne Raundalen einst als Begründer eines neuen moralischen Paradigmas in der Kindererziehung bezeichnete, war ich überrascht. Ich hatte den Begriff der Gleichwürdigkeit nie als moralische Kategorie verstanden, denn als ich um 1980 darüber zu reden und schreiben begann, war die Ursache eine ganz andere.

Ich hatte damals seit 15 Jahren als Familientherapeut gearbeitet – zunächst in einer Fürsorgeeinrichtung, dann mit einer Gruppe sozial gefährdeter alleinstehender Mütter und schließlich am Kempler-Institut in Dänemark, an dem wir mit zahlreichen Familien aller gesellschaftlichen Schichten zusammenarbeiten, deren Problematiken höchst verschieden sind.

All diesen Familien war gemein, dass die Eltern frustriert über die Beziehung zu ihren Kindern waren. Deren Verhalten war den Eltern zufolge von einem Mangel an Gehorsam, Kooperationswillen und Respekt geprägt. So wie die meisten meiner Kollegen stand ich in einer entwicklungspsychologischen Tradition, die sich kaum mit der individuellen Existenz von Kindern und Jugendlichen beschäftigte – eine

Behandlungstradition, die vor allem darauf setzte, das Sozialverhalten junger Menschen sowie eine tradierte Erziehung zu verändern, die aus 80 Prozent Moral und 20 Prozent Wissen bestand. Doch mussten wir erleben, dass wir in zirka zwei Dritteln aller Fälle zu kurz griffen. Erst allmählich lösten wir uns von den damals existierenden fachlichen und moralischen Wahrheiten. Das ermöglichte es uns, alte Problemstellungen aus neuen Blickwinkeln zu betrachten.

Die Qualität der Beziehung

Wir lernten, dass eine bestimmte Qualität in der Beziehung zwischen Erwachsenen und Kindern destruktive in konstruktive Prozesse umwandeln kann. Am Anfang war es schwierig, diese Qualität zu konkretisieren, weil sie sich als Teil der zwischenmenschlichen Prozesse sozusagen unter der Oberfläche befand. Das geschah in einem Jahrzehnt, in dem überall in der Gesellschaft eine gewaltige Demokratisierung in der Eltern-Kind-Beziehung stattfand und die Terminologie oft politisch gefärbt war. Daher war es nicht leicht, diese Qualität fachlich auf einen Begriff zu bringen. Schließlich einigten wir uns darauf, dass *Gleichwürdigkeit* sowohl präzise als auch praktikabel war.

Meiner Meinung nach besteht ein großer Unterschied zwischen Gleichwürdigkeit und Gleichheit. Als Mensch meiner Zeit bin ich der Ansicht, dass Kinder und Jugendliche Gehör finden sollten. Es wäre für alle Seiten gut, wenn sie über großen (politischen) Einfluss und Mitbestimmung verfügten und wenn die Erwachsenengesellschaft ihre Macht mit ihnen teilte. Doch diese Meinung hat nichts mit meiner fachlichen Erkenntnis zu tun, dass Gleichwürdigkeit ein qualitativ entscheidender Faktor ist, und zwar sowohl in familiären als auch in professionellen Beziehungen zwischen Kindern und Erwachsenen.

Gleichwürdigkeit als Qualität in zwischenmenschlichen Beziehungen hat zwei Aspekte:

- In ihr kommt derselbe Respekt vor der Würde und persönlichen Integrität beider Seiten zum Ausdruck.
- Den spontanen Lebensäußerungen, Ansichten, Bedürfnissen und Wünschen des Kindes kommt dieselbe Bedeutung für die Beziehung zu wie denen des Erwachsenen.

Ich glaube, wir Fachleute tun uns keinen Gefallen, wenn wir Gleichwürdigkeit als eine Art »Recht« im politischen oder juristischen Sinn betrachten, doch sollten wir daran festhalten, dass sie eine notwendige Qualität ist, die von den Erwachsenen durchgesetzt werden muss, wenn sie fruchtbare oder ggf. therapeutisch wirksame Beziehungen zu Kindern und Jugendlichen aufbauen wollen.

Es besteht (soviel ich weiß) kein fachlicher Zweifel daran, dass Kinder die Führung Erwachsener brauchen, wenn sie sich gesund entwickeln und selbstdestruktives Verhalten vermeiden sollen. Das Prinzip der Gleichwürdigkeit stellt dies nicht in Frage, fordert jedoch eine bestimmte Qualität dieser Führung.

In den neunziger Jahren haben neue Forschungsergebnisse unsere klinischen Erfahrungen gestützt. Eine große amerikanische Untersuchung, die mehrere tausend Familien umfasste, hat versucht herauszufinden, welche Faktoren es sind, die eine glückliche und intakte Familie ausmachen. Obwohl der Begriff der Gleichwürdigkeit noch keine Verwendung fand – er tauchte erst später als »equal dignity« im Amerikanischen auf –, wurde die Fähigkeit und der Willen der Eltern erwähnt, ihre Kinder ernst zu nehmen, ihre Individualität zu respektieren und ihre Wünsche und Bedürfnisse bei elterlichen Entscheidungen zu berücksichtigen.

Aus familientherapeutischer Sicht können wir natürlich nicht folgern, dass fehlende Gleichwürdigkeit automatisch zu Problemen zwischen Eltern und Kindern führt, doch lässt sich feststellen, dass sie in problematischen Beziehungen oft vernachlässigt wird.

Zieht Gleichwürdigkeit in eine Familie ein, verringert das fast immer die Anzahl der Konflikte, den Eltern wird ein Gefühl des Gelingens beschert und den Kindern das Gefühl, gut aufgehoben zu sein. (Das Gegenteil geschieht, wenn Kinder die Macht übernehmen.)

Ungefähr zur selben Zeit veröffentlichten Psychologen wie Daniel N. Stern, Peter Fornagy und andere ihre Forschungsergebnisse, die u.a. feststellten, dass die Reaktionen von Kindern immer beziehungsrelevant sind. Das bestätigte nicht nur unsere klinischen Erfahrungen, sondern half uns auch, den alles entscheidenden Begriff der »Gegenseitigkeit« zwischen Eltern und Kindern zu entwickeln.

Gleichwürdigkeit als konkretes Verhalten ist etwas, das die meisten Erwachsenen erst lernen müssen, doch haben wir die Erfahrung gemacht, dass dieser Lernprozess relativ schnell und reibungslos vonstattengeht, weil sich der Erfolg fast unmittelbar einstellt und die Belohnung in Form von befriedigenden Beziehungen so groß ist.

Die Führung in der Familie

Als Familientherapeut begegne ich oft Menschen, die sehr auf Machtstrukturen und Machtkämpfe in der Familie fixiert sind und in diesen die eigentliche Wurzel aller Konflikte sehen. Obwohl ich der Macht nicht diese zentrale Bedeutung zuschreiben möchte, so besteht doch kein Zweifel, dass sie in vielen Familien eine große Rolle spielt, und zwar sowohl für diejenigen, die diese Macht innehaben, als auch für jene, die ihr unterliegen.

Zwei Formen von Macht

Da Führung in jeder Familie eine Notwendigkeit darstellt und dies zwangsläufig eine gewisse Macht voraussetzt, sollten wir uns einmal gründlicher mit dem Machtbegriff auseinandersetzen sowie einige der historischen Voraussetzungen betrachten, die dafür verantwortlich sind, dass heutzutage viele vor der Führungsrolle in der Familie zurückschrecken.

In dieser Hinsicht geht es um zwei Arten von Macht: um die Macht des Einzelnen über sein eigenes Leben und über das Leben anderer. Die Erstere entscheidet maßgeblich über unsere Lebensqualität. Das Leben ist schmerzlich, wenn man meint, keinen Einfluss auf seine bestimmenden Umstände zu haben. Der Einzelne kann – willentlich oder unwillentlich – auf die Rolle des Opfers reduziert werden, die wie kaum eine andere dem Wohlergehen und der Gesundheit des Individuums im Wege steht. Da schon unsere jeweilige Herkunft ungleiche Voraussetzungen bietet, reagieren wir auch unterschiedlich auf diese Rolle. Manche wurden bereits in ihrer Kindheit so oft in die Rolle des Opfers gedrängt, dass sie sich als Erwachsene nicht das Geringste gefallen lassen, während andere durch Umstände geprägt wurden, die später bewirken, dass sie sich unsicher fühlen, wenn sie plötzlich Macht ausüben und die Verantwortung für ihr eigenes Leben übernehmen sollen. Wieder andere wurden in ihrer Kindheit so unterdrückt, dass aus ihnen später regelrechte Trotzköpfe wurden, die zu allem und jedem Nein sagen, jedoch nicht in der Lage sind, sich selbst und andere aus vollem Herzen anzunehmen.

Die andere Form der Macht, die Macht über das Leben anderer, ist stets zerstörerisch! Das gilt sowohl für die Machthaber als auch für diejenigen, auf die Macht ausgeübt wird. Dass die Macht auch für deren Inhaber destruktiv ist, wird beispielsweise in der Politik deutlich – niemand altert so schnell wie die politischen Entscheidungsträger, und niemand verliert so schnell das Gespür für die fundamentalen menschlichen Werte.

Innerhalb der Familie sind die Konsequenzen zunächst andere. Natürlich leuchtet es ein, dass derjenige, der keine Macht über sein eigenes Leben hat, unter diesem Umstand leidet. Weniger einleuchtend ist es hingegen, dass auch der Machthaber einen Verlust erleidet. Das geschieht vor allem, weil Macht isoliert. (Es ist nur zu wahr, dass es auf dem Gipfel sowohl kalt als auch einsam ist!) Wer die Familie dominiert, tauscht sich weniger mit den übrigen Mitgliedern aus und erfährt nicht, wie die anderen das Verhältnis zu ihm erleben.

Wenn das Zusammenspiel solcherart aus dem Gleichgewicht geraten ist, bilden sich sozusagen zwei Realitäten in der Familie. Die Realität der anderen (ihre Gedanken, Gefühle, Meinungen und Reaktionen) werden dem Machthaber bis zu einem gewissen Grad stets verborgen bleiben. Das Gleiche gilt für jeden Arbeitsplatz und für jede Gruppe mit einer verordneten Hierarchie. In solchen Zusammenhängen bleibt nichts anderes übrig, als eine möglichst offene, direkte und persönliche Form der Kommunikation zu entwickeln und im Übrigen der Tatsache ins Auge zu sehen, dass beide Seiten auf ihre Weise unter einem Ungleichgewicht der Machtstrukturen zu leiden haben.

In einer Familie sind die Chancen größer, eine tatsächliche Gleichwürdigkeit unter den Erwachsenen zu etablieren, wohingegen die Kinder mit einigen negativen Konsequenzen leben müssen, die durch den unvermeidbaren Unterschied zwischen Kindern und Erwachsenen bedingt sind.

Kurzer historischer Rückblick

Noch vor wenigen Jahrzehnten wurde die Führungsrolle des Mannes und Vaters in der Familie kaum infrage gestellt. Möglicherweise gab es in den heimischen vier Wänden schon manche Diskussion, doch in der öffentlichen Debatte existierte dieses Thema nicht – was natürlich auch daran lag, dass die öffentliche Debatte von Männern geführt wurde.

Matriarchate, also von Frauen dominierte Gesellschaftsformen, kennen wir zwar aus der Geschichte, doch liegen sie so lange zurück, dass in unserem Kulturkreis viele glaubten, die männerdominierte Familie sei, wenn schon nicht gottgegeben, so doch aber die »natürlichste« Form des Zusammenlebens. Im allgemeinen Sprachgebrauch besteht ja die unglückselige Neigung, das »Natürliche« mit dem »Üblichen« zu verwechseln, und so will ich in diesem Zusammenhang ganz darauf verzichten, die Natur in Anspruch zu nehmen.

Doch mit einem Höchstmaß an Sicherheit lässt sich zumindest feststellen, dass ungewollte Herrschaftsverhältnisse in der Familie weder zweckdienlich sind noch das Wohlergehen ihrer Mitglieder befördern. Das gilt, wie bereits erwähnt, auch für den Inhaber der Macht und bezieht sich gleichermaßen auf beide Geschlechter.

Es gibt sicher verschiedene Gründe dafür, warum sich die männliche Führungsrolle in der Familie so lange erhalten hat. Ebenso verhält es sich mit der Vorherrschaft in der Großfamilie, die wir als Gesellschaft bezeichnen. Wesentlich dazu beigetragen hat sicherlich die Tatsache, dass die Verantwortungsbereiche von Mann und Frau lange Zeit voneinander getrennt waren und beide Geschlechter den nötigen Respekt vor diesen Bereichen besaßen.

Natürlich hat die Auflösung der traditionellen Rollenmodelle zu einer gewissen Unsicherheit geführt – manche würden sie vielleicht als Chaos beschreiben –, doch auch wenn man ein neues und flexibleres Rollenverständnis in unserem Teil der Welt noch nicht als Selbstverständlichkeit bezeichnen kann, so ist doch eine Entwicklung in Gang gesetzt worden, die aller Voraussicht nach unumkehrbar ist. In dieser Hinsicht sind die »guten alten Tage« endgültig gezählt. Wir müssen gemeinsam neue Rollenverhältnisse begründen, und wenn man sich in der Welt umblickt, kann man sich des Eindrucks nicht erwehren, dass die beginnende Reduzierung der männlichen Macht keinen Augenblick zu früh, doch hoffentlich auch nicht zu spät kommt. Denn die Ergebnisse der männlichen Dominanz sind wahrlich kein Ruhmesblatt, weder in globaler noch in familiärer Hinsicht.

Wir leben in einer Gesellschaft, deren Organisation sowohl die Lebensqualität des Einzelnen als auch die Natur zerstört. Und auch die Familien müssen einen hohen Preis bezahlen. Denn der gewachsene Einfluss der Frauen gleicht eher einer Art Guerillabewegung, die wenig an der ökonomischen, sozialen und politischen Vorherrschaft der Männer geändert hat. Ich will anhand eines aktuellen Beispiels erklären, was ich unter männlichen Werten verstehe.

Viele von uns beschließen zu einem frühen Zeitpunkt im Leben ihrer Familie, ein Eigenheim zu erwerben – »vor allem der Kinder wegen«, wie wir einander und dem nervösen Kundenberater der Bank versichern. Wir (Männer) benutzen dieses Argument, weil wir trotz allem ein wenig dazu gelernt haben und unsere maskulinen Werte (Geld, Arbeit, Konkurrenz- und Prestigedenken) etwas geschickter vertreten als damals, als wir noch raubten und plünderten, brandschatzten und töteten, um unseren heimischen Clan ökonomisch abzusichern.

Der Preis für die eigenen vier Wände sind oft überarbeitete, gestresste Eltern, deren Kinder sich damit abfinden müssen, von fremden Personen betreut zu werden, wenn sie eigentlich am liebsten mit ihren Eltern zusammen wären. Weder dieses noch andere Beispiele bedeuten, dass die Männer schuldig und die Frauen unschuldig sind. Es zeigt nur, dass die Werte, auf denen die familiären Entscheidungen beruhen, schon seit Jahrhunderten aus dem Gleichgewicht geraten sind, was es möglicherweise zu berücksichtigen gilt, wenn wir heute mit unseren Rollenvorstellungen zu kämpfen haben.

Die notwendige Führungsrolle

Für das Wohlergehen der Familie ist die Kooperation ihrer Mitglieder von entscheidender Bedeutung. Ob wir nun Katholiken, Kommunisten oder passionierte Jogger sind, spielt dabei keine Rolle.

Entscheidend für das Gelingen der Kooperation ist die Atmosphäre, in der sie geschieht. Es ist weniger wichtig, was wir tun, sondern vor allem, wie wir es tun.

Bevor es zur Auflösung der klassischen Rollenmodelle kam und der Arbeitsmarkt seinen Bedarf an billigen, weiblichen Arbeitskräften entdeckte, widmete sich ein Großteil der verheirateten Frauen vor allem dem Haushalt. Ich möchte diese Situation keinesfalls idealisieren, sondern nur daran erinnern, dass es traditionellerweise die Frauen waren, die sich um die Atmosphäre im Haus gekümmert haben und daher eine zentrale und oft unterschätzte Führungsposition in der Familie innehatten.

Frauen besitzen eine jahrhundertelange Erfahrung, was innerfamiliäre Prozesse angeht, während die Führungsrolle der Männer meist äußerlicher Natur war, d.h. die Wirtschafts- und Wohnverhältnisse oder den gesellschaftlichen Umgang betraf. Beides ist wichtig für die Familie, die heutzutage dazu gezwungen ist, diese Aufgaben gemeinsam zu lösen. Doch die erforderliche Zusammenarbeit hat wenig Tradition. Wohin wir auch blicken in der Gesellschaft, so gibt es nur sehr wenige Modelle für eine praktizierte Gleichwürdigkeit in Führungspositionen, sofern ihre Bereiche nicht von vornherein aufgeteilt sind (z.B. einem Produktionschef auf der einen und einem Finanzchef auf der anderen Seite unterstehen). Daher ist nichts dagegen zu sagen, wenn jemand mehr Führungsaufgaben wahrnimmt als der andere, oder wenn die Kinder auf Gebieten, auf denen die Erwachsenen aufgegeben haben, partiell die Leitung zu übernehmen versuchen.

Wie schon gesagt, bedarf die Familie einer aktiven und bewussten Führung, die vor allem für das Wohlergehen und die Entwicklung der Kinder unerlässlich ist. Kinder unter 15 bis 16 Jahren besitzen noch nicht das nötige Wertefundament, um zu Hause eine anregende und geborgene Atmosphäre zu schaffen – was nicht heißt, dass sie nicht viele gute Vorschläge machen können, doch sollte man diese immer nur als zusätzliches Angebot betrachten.

> Wenn die Erwachsenen ihre Führungsrolle ablehnen, geht dies zu Lasten der gesamten Familie.

Man kann mit einigem Recht behaupten, dass eine schlechte Führung (sehr strenge oder unzugängliche Eltern) immer noch besser ist als gar keine Führung. Das gibt den Kindern immerhin Gelegenheit, sich mit dieser Form der Führung auseinanderzusetzen und schafft nicht dieses destruktive Vakuum, das entsteht, wenn sich die Eltern jeder Form der Verantwortung und Macht entziehen.

Führungsprinzipien

Selbst in meinem kleinen und ziemlich homogenen Heimatland Dänemark gibt es Familien, die auf verschiedenste Art und Weise funktionieren (oder auch nicht) und sich auf ganz unterschiedliche Werte und Normen stützen, und so wird es hoffentlich auch in Zukunft sein.

Wenn wir an dieser Stelle ein paar grundlegende Führungsprinzipien behandeln, müssen wir die bestehenden inhaltlichen Unterschiede zunächst außer Acht lassen. (In einigen Familien zieht man die Schuhe aus, bevor man das Wohnzimmer betritt, in anderen nicht. In manchen Familien gehen die Kinder zu einer bestimmten Uhrzeit ins Bett etc.)

Diese Regeln sind innerhalb der jeweiligen Familien wichtig, für die Führungsrolle der Erwachsenen jedoch ohne Belang.

Immer an einen Strang ziehen

»Einigkeit macht stark!« – »Es ist wichtig, dass die Eltern in puncto Kindererziehung an einem Strang ziehen.« – »Was soll das Ganze, wenn wir ja doch nie einer Meinung sind?«

In diesen und vielen anderen Zusammenhängen hört man oft, wie wichtig es sei, einer Meinung zu sein – eine Ansicht, die ich im Folgenden gern differenzieren möchte. Es gibt gute Gründe dafür, dass wir uns als Erwachsene mit Menschen zusammentun, die eine andere Lebensauffassung haben als wir selbst. Diese Verschiedenartigkeit birgt wesentliche Konflikte und ist doch auch die größte Ressource einer Beziehung.

In manchen Situationen werden die unterschiedlichen Werte und persönlichen Erfahrungen der Erwachsenen sichtbar, die für ihre neue Familie nicht immer von gleicher Bedeutung sind. Hinzu kommt, dass viele dieser Normen, Werte und Erfahrungen teils automatisch (oder unbewusst) »funktionieren«. Weil wir sie längst verinnerlicht haben, kommen wir nicht auf den Gedanken, sie zu hinterfragen, zu analysieren, miteinander zu diskutieren, einige zu verwerfen und andere neu zu beleben.

Die Forderung nach der großen Einigkeit führt daher oft dazu, dass ein Partner (in der Regel immer derselbe) schnell nachgibt, sich überreden lässt oder aufgibt. Und das ist ein Fehler! Natürlich ein Fehler desjenigen, der entschieden hat, sich zu unterwerfen. Doch wie bereits erwähnt nimmt auch der andere (der Machthaber) Schaden.

Selbstverständlich gibt es Situationen, die Einigkeit erfordern, doch ist dies viel seltener der Fall, als wir gemeinhin annehmen. Das gilt auch in Bezug auf die Kinder. Kinder spielen ihre Eltern nur dann gegeneinander aus, wenn die Eltern nicht zu ihrer Verschiedenartigkeit stehen und diese nicht wertschätzen.

Manchmal ist es nützlich, dass beide Partner eine Liste all der Dinge erstellen, über die ihrer Meinung nach Einigkeit bestehen sollte, und diese gemeinsam durchgehen. Teils, um festzustellen, wie verschieden die Listen ausgefallen sind, doch vor allem, um zu sehen, in welchen Punkten die Forderung nach Einigkeit als Belastung empfunden wird und ob man nicht vielleicht in der Lage ist, mit der Verschiedenartigkeit und Uneinigkeit so umzugehen, dass sie nicht in einem fruchtlosen Machtkampf endet.

Einigkeit als Resultat der Anpassung gewährt kurzzeitig ein hohes Maß an Sicherheit. Doch auf lange Sicht ist sie eine Zeitbombe, die den Zusammenhalt der Familie bedroht.

Gemeinschaft

Wichtige Entscheidungen sollten von den Erwachsenen – vorzugsweise unter Einbeziehung der Kinder – gemeinsam getroffen werden, und zwar als Ergebnis von Diskussion und Dialog. Ist dies nicht der Fall, hat man, privat wie beruflich, schnell die übliche Ausrede parat: Keine Zeit! Doch nur selten ist dieses Argument berechtigt. In der Regel ist für die Entscheidungsprozesse genügend Zeit vorhanden, wenn man auch weiß, wie man diese Zeit nutzt, anstatt fürchten zu müssen, dass sich die üblichen Streitereien ewig in die Länge ziehen. Da macht man lieber kurzen Prozess – und verzichtet auf die Gemeinschaft.

Der Umgang mit der Zeit ist von Familie zu Familie sehr verschieden. In manchen Familien rückt niemand mit seinen Ansichten schnell heraus, was die Sache natürlich beträchtlich in die Länge ziehen kann. In anderen Familien herrscht eine große Meinungsfreudigkeit, und auch das erfordert viel Zeit. Dort, wo die Menschen in der Lage sind, ihren Standpunkt rasch und präzise zum Ausdruck zu bringen, können Entscheidungsprozesse natürlich am schnellsten vorangetrieben werden.

Auch in diesem Zusammenhang ist es wichtig, zwischen Inhalt und Prozess zu unterscheiden: zwischen dem, was wir tun, und der Art und Weise, wie wir es tun. Der Prozess ist dabei fast immer das entscheidende Element, weil die Grundidee und der Sinn jeder Familie in der Gemeinschaft besteht. Wenn die Gemeinschaftsidee aber mit dem Hinweis auf die Zeit (bzw. die Großeltern, Nachbarn, soziale Verpflichtungen) außer Kraft gesetzt wird, untergräbt man den Zweck und die Existenzberechtigung der Familie. Nochmals:

> Die Art und Weise, wie wir Entscheidungen treffen, ist viel wichtiger als das Ergebnis.

Das ist es, was Gemeinschaft bedeutet. Die Forderung nach absoluter Einigkeit ist nichts anderes als die Pseudogemeinschaft totalitärer Systeme.

Dialog

Damit die Gemeinschaft funktionieren kann, muss ein Dialog stattfinden. Und ein Dialog funktioniert nur, wenn einer spricht und ein anderer zuhört – und umgekehrt. Beide müssen ihre Meinungen, Vorstellungen und Wünsche klar artikulieren, was bekanntlich kein leichtes Unterfangen ist – schon allein deshalb nicht, weil viele von uns in unseren Ursprungsfamilien gelernt haben, dass wir für die Gemeinschaft am wertvollsten sind, wenn wir den Mund halten und möglichst unsichtbar sind. »Kinder soll man sehen, aber nicht hören!«, hieß es früher, und manche waren der Ansicht, das gelte ebenso in bezug auf Frauen.

Viele von uns müssen die Kunst des Dialogs daher noch erlernen, wenn sie eine eigene Familie gründen.

> Ausschlaggebend für den Erfolg ist vor allem das Interesse an den Gesichtspunkten des anderen.

Manche werden der Ansicht sein, dass der Respekt vor den Meinungen anderer das Wichtigste sei, doch Respekt ist in diesem Fall der falsche Ansatzpunkt. Mit dem Respekt verhält es sich nämlich wie mit der Toleranz: Er ist am leichtesten aufrechtzuerhalten, wenn einem der andere nicht zu nahe kommt. Der Respekt vor den Meinungen des anderen entwickelt sich nach und nach – als Ergebnis gelungener Dialoge und mit der wachsenden Einsicht, dass auch die Denkweise des Partners konstruktiv und fruchtbar sein kann. Anders verhält es sich mit dem Respekt vor dem Recht des anderen auf eine eigene Meinung. Das sollte nie zur Diskussion stehen.

Ein Dialog in der Familie gestaltet sich natürlich anders als ein politischer Dialog, weil er auf größtmögliche Offenheit setzen muss, um das angestrebte Ziel zu erreichen. Das bedeutet, dass alle wesentlichen Wünsche und Absichten unmissverständlich ausgesprochen werden müssen, statt durch die Blume gesagt zu werden, wie die meisten von uns es gelernt haben. Darum müssen sich alle so persönlich wie möglich äußern, d.h. für sich und über sich sprechen. Erst wenn wir wissen, was jeder Einzelne als positiv und negativ empfindet, können wir entscheiden, was das Beste für die gesamte Familie ist. Und da wir uns unablässig verändern und entwickeln, müssen wir immer wieder offen miteinander sprechen, anstatt frühere Ansichten als unveränderlich zu betrachten. Wenn der Dialog ans Tageslicht bringt, dass sich Standpunkte geändert haben, ist eine eingehende Diskussion nötig.

Diskussionen

In jeder Familie prallen gewisse Unterschiede aufeinander. Mit manchen muss man sich jahrelang beschäftigen, um sie in den Griff zu bekommen. Es ist z. B. keine Seltenheit, dass einer der beiden Partner ein reges soziales Leben führen möchte, der andere jedoch weniger kontaktfreudig ist. Während der eine im Kreise anderer Menschen so richtig aufblüht, fühlt sich der andere in größerer Gesellschaft unsicher und fehl am Platze.

Dies ist für beide ein schwerwiegender Konflikt, der nicht durch allgemeine Rücksichtnahme und voreilige Kompromisse zu lösen ist. Es kann keine Lösung sein, seinen Partner aus reiner Rücksichtnahme zu begleiten, auf Einladungen zu verzichten oder nur noch allein etwas zu unternehmen. Da helfen nur eingehende Diskussionen, die, wie alle Auseinandersetzungen in der Familie, das Ziel haben, den Bedürfnissen jedes Einzelnen so weit wie möglich entgegenzukommen und alles zu vermeiden, was den Einzelnen stört und belastet. Eine solche Diskussion setzt zwei Dinge voraus: Zum einen muss sich jeder so persönlich und umfassend wie möglich artikulieren. Zum anderen muss jeder zum Handeln, auch zum Experimentieren bereit sein. Der eine muss sich z. B. fragen: Warum habe ich keine Lust, auf Partys zu gehen? Warum fühle ich mich unsicher? Wie sehen diesbezüglich meine Erfahrungen aus? Der andere: Wie wichtig sind mir die regelmäßigen Treffen mit Freunden und Bekannten? Sind sie nur eine alte Gewohnheit, oder bereichern sie mein Leben wirklich?

Jeder muss auch auf eigene Weise seine Frustration zum Ausdruck bringen dürfen, etwa mit folgenden Worten:

> »Ich liebe dich und möchte dir am liebsten jeden Wunsch erfüllen. Aber in diesem Punkt kann ich dir nicht nachgeben, ohne mir selbst Gewalt anzutun.«

Danach muss mit verschiedenen Lösungsmodellen experimentiert werden, bis das Ziel (ein neues Gemeinschaftsgefühl) erreicht ist oder beide der Tatsache ins Auge sehen müssen, dass es sich eben nicht erreichen lässt. Das bedeutet zudem, dass die Lösungsversuche stets aufs Neue besprochen und bewertet werden müssen, und zwar im Lichte des gemeinsamen Ziels und nicht im (Macht-)Interesse des Einzelnen.

Die Diskussion bestimmter Themen kann eine Stunde, eine ganze Woche oder mehrere Jahre in Anspruch nehmen, bevor man gemeinsam eine zufriedenstellende Lösung findet. Manchmal spielt auch der Faktor Zeit eine Rolle – wenn der eine z.B. eine Abtreibung will und der andere nicht. In solch einer Situation ist es eine bewährte Regel, dass derjenige die Entscheidung trifft, der vor allem von ihr betroffen wäre (in diesem Fall die Frau), und der andere den Partner darin unterstützt, ohne verhehlen zu müssen, selbst anderer Meinung zu sein. Dass die Diskussion in diesem Fall erst beendet werden kann, wenn die Entscheidung in die Tat umgesetzt wurde, heißt nicht, dass man auf sie verzichten könnte. Sie ist für die Gemeinschaft und ihre weitere Entwicklung dennoch von großer Bedeutung.

Viele von uns finden es frustrierend, wenn sich Gespräche und Auseinandersetzungen über eine langen Zeitraum erstrecken. Die meisten von uns sind in Familien aufgewachsen, die den Charakter eines aufgeklärten Absolutismus trugen, und glauben daher, dass wir träge, ineffektiv und entscheidungsunfähig sind, wenn wir den gemeinsamen Dialog und die sorgfältige Suche nach Lösungen fördern. Natürlich ist es verlockend, in alte Rollenmuster zurückzufallen und ein »Machtwort« sprechen zu wollen, doch erst wenn dies geschieht, wird ein Machtkampf wirklich unumgänglich.

Gemeinsame Verantwortung – eigene Verantwortung

Sowohl am Arbeitsplatz als auch zu Hause herrscht oft Verwirrung über die Verteilung von Aufgaben und Verantwortung. Vorgesetzte reden gerne über das Delegieren von Verantwortung, delegieren jedoch nur die praktischen Aufgaben. Die Partner in einer Beziehung teilen oft die anfallenden Arbeiten unter sich auf und erleben dennoch, dass die Verantwortung einseitig verteilt ist.

Was das Verantwortungsgefühl von Kindern und Erwachsenen betrifft, lassen sich zwei Arten der Verantwortung unterscheiden, deren Entwicklung gefördert oder unterdrückt werden kann.

Zum einen können wir ein Verantwortungsgefühl gegenüber einer Sache oder anderen Menschen entwickeln, uns hinsichtlich der Familie, der Gesellschaft oder der Schule verantwortlich fühlen. In der Alltagssprache gibt es dafür verschiedene Beschreibungen, z. B. soziales oder uneigennütziges Verhalten.

Zum anderen ist da die Verantwortung, die wir für uns selbst tragen, für unser eigenes Leben, unsere Gefühle und Handlungen. Doch diese Eigenverantwortung wurde den meisten von uns nur sehr unzureichend vermittelt. Natürlich ist an dem Verantwortungsbewusstsein gegenüber einer Sache oder anderen Menschen nichts verkehrt, doch ist die Gewichtung oft so einseitig, dass viele Erwachsene große Schwierigkeiten haben, die Verantwortung für ihr eigenes Leben zu übernehmen.

Wurden wir in unserer Kindheit stark zur ersten Form der Verantwortung angehalten, fehlt uns dieses Bewusstsein meist im Hinblick auf uns selbst. Doch empfinden wir in der Regel ein ausgeprägtes Verantwortungsgefühl gegenüber anderen, wenn wir gelernt haben, für uns selbst Verantwortung zu übernehmen.

Historisch betrachtet haben sich die Eltern in den letzten 20 bis 25 Jahren um eine gerechtere Aufteilung ihrer Aufgaben und Verantwortung bemüht und Möglichkeiten erprobt, eine gemeinsame Führung der Erwachsenen zu etablieren, die der gesamten Familie zugute kommt.

Aufgabenverteilung

Viele Paare haben in dieser Hinsicht eine gewisse Frustration erlebt. Sie haben alles dafür getan, die Aufgaben in der Familie gerecht zu verteilen und das Verantwortungsgebiet des Einzelnen genau zu definieren. Doch obwohl dies geschehen ist, hat einer der Partner (oft die Frau) das ebenso schwer greifbare wie unabweisbare Gefühl, dass die Gesamtverantwortung immer noch einseitig verteilt ist. Oder wie eine Frau es einst ausdrückte: »Er hilft mir in allem, geht genauso häufig zu Elterntreffen, wechselt ebenso oft die Windeln und erledigt praktische Tätigkeiten. Woran liegt es, dass ich mir immer noch wie eine alleinerziehende Mutter vorkomme?«

Dasselbe Gefühl findet sich in Gruppen, in denen trotz Delegierung und vieler Gespräche über »gemeinsame Verantwortung« immer noch der Eindruck besteht, dass die Gemeinschaft nicht funktioniert. Alle versuchen nach Kräften, die Gemeinschaft zu unterstützen, so wie sie es gelernt haben, doch wenn die Eigenverantwortung nicht der Ausgangspunkt für unser Handeln darstellt, bleibt die Verantwortung für die Gemeinschaft eine leere Phrase.

Gemeinsame Energie

Die Gemeinschaft kann als eine gewisse Menge von Energie beschrieben werden.

Wenn beide Partner die Verantwortung für ihr eigenes Leben übernehmen, dann führen sie der Gemeinschaft Energie zu. Falls sie dazu nicht in der Lage sind, entziehen sie der Gemeinschaft Energie.

Was bedeutet es aber in diesem Zusammenhang, die Verantwortung für sich selbst zu übernehmen? Es bedeutet in erster Linie, sich folgende Fragen zu stellen: Was will ich? Wozu habe ich Lust? Was gefällt mir? Was gefällt mir nicht? Auch muss man sich klar machen, dass die eigenen Gefühle und Reaktionen untrennbar mit der eigenen Persönlichkeit verbunden sind und daher allein der eigenen Verantwortung unterliegen.

Für die Qualität unseres Lebens sind wir in erster Linie selbst verantwortlich – ebenso für die Entscheidung, mit wem wir es teilen wollen. Wie die meisten wissen, ist dies keineswegs so einfach, wie es sich anhört. Es erfordert viel Zeit und Übung, und eines sollten wir uns dabei stets vor Augen führen:

> *Solange wir nicht in der Lage sind,*
> *die Verantwortung für uns selbst*
> *zu übernehmen, solange bürden wir*
> *dies unserer Umgebung auf.*

Stellen wir uns ein typisches Beispiel vor: Wenn ich meine Frau ständig nach ihren Ansichten und Wünschen frage, hört sich das zunächst ja sehr entgegenkommend und rücksichtsvoll an. Doch ist dieses Verhalten nur dann konstruktiv, wenn ich mir selbst und ihr gleichermaßen meine eigenen Ansichten und Wünsche verdeutliche. Tue ich das nicht, dann schiebe ich ihr unter dem Vorwand, ein verständnisvoller Partner zu sein, bloß die Verantwortung zu.

Die vielen großen und kleinen Entscheidungen, die wir für unser gemeinsames Leben treffen, müssen dem jeweiligen Willen des Einzelnen entspringen, danach aber gemeinschaftlich diskutiert und beschlossen werden.

Für viele von uns – in Familien und anderen Gruppen – ist dies ein ungewohnter Ausgangspunkt. Wir haben gelernt, uns zurückhaltend und »demokratisch« zu verhalten, doch die Gemeinschaft gewinnt nur dann an Energie und Substanz, wenn sich jedes Mitglied seiner Eigenverantwortung bewusst ist. Es mag sehr entgegenkommend wirken, von Anfang an auf Kompromisse eingestellt zu sein, doch in Wirklichkeit wälzen wir damit den Großteil der Verantwortung nur auf unseren Partner ab.

In unserer Kultur haben wir große Angst davor, allzu egozentrisch, dominant oder diktatorisch zu wirken. Auch in dieser Hinsicht sind wir auf die Hilfe unseres Partners angewiesen. Wenn der andere uns ständig nach unserer Meinung fragt, aber vergisst, seine eigene zu äußern, dann sollten wir ihn freundlich, aber entschieden darauf aufmerksam machen.

Viele lassen dies im alltäglichen Miteinander außer Acht, denn es hat fraglos gewisse Vorteile, stets seinen Willen zu bekommen. Wir vergessen dabei, dass wir die Verantwortung für die gesamte Situation tragen – nicht nur für unsere eigene. Mit größter Wahrscheinlichkeit wird es uns der Partner irgendwann vorwerfen, wenn er auf bestimmten Gebieten keine Verantwortung übernehmen konnte.

Vor allem für die bedeutungsvollsten Bereiche des Lebens – z.B. Kinder, Geld und Sex – gilt, dass sich die Verantwortung nicht aufteilen lässt. Beide Partner tragen stets die Verantwortung für das Ganze. Und auch wenn das gelingt, bleibt immer noch die Verantwortung für unseren Partner. Diese Mitverantwortung kommt am ehesten zur Geltung, wenn wir für die unmittelbaren Wünsche und Bedürfnisse unseres Partners Sorge tragen, auch wenn sie unseren eigenen Bedürfnissen manchmal zuwiderlaufen. Diese aktive Fürsorge lässt sich nur dann verwirklichen, wenn sie auf meiner Selbstverantwortung basiert. Tut sie das nicht, ist sie keine Gabe, sondern ein Schuldschein, den man irgendwann eingelöst haben will: Dann soll der andere etwas für mich tun, wozu er eigentlich keine Lust hat.

»Was will ich und was sollte ich?« Über den Konflikt zwischen Zusammenarbeit und Integrität im Erwachsenenleben

Die Balance zwischen Integrität und Zusammenarbeit muss ein Leben lang immer wieder neu justiert werden, und nur wir selbst können dafür die Verantwortung übernehmen. In der alten hierarchischen Familie galt es als Tugend, sich den Erwartungen der Machthaber zu unterwerfen. In der modernen Familie führt dies unweigerlich zur Zerstörung der Gemeinschaft. Hier ist es eine Tugend, die Verantwortung für sich selbst zu übernehmen – und der Gemeinschaft damit einen Dienst zu erweisen.

Sich selbst treu bleiben

Der ewige Konflikt zwischen dem Bedürfnis, unsere Integrität zu bewahren, und dem Drang, sich den Erwartungen und Erfordernissen unserer Umgebung anzupassen, ist nicht allein auf Kindheit und Jugend beschränkt. Er gehört auch im Berufs- und Privatleben jedes Erwachsenen zur täglichen Realität. Einerseits ist es gut, dass andere etwas von uns erwarten – mit uns rechnen, auf uns zählen –, andererseits verraten wir uns selbst, unsere eigenen Wertvorstellungen und Bedürfnisse, wenn wir zu anderen nicht Nein sagen können, weil wir zu uns selbst Ja sagen müssen.

In einem Liebesverhältnis unter Erwachsenen ist dies von besonderer Bedeutung. Unsere Persönlichkeit entwickelt sich vor allem in den Beziehungen zu unseren Nächsten, doch liegt in diesen Beziehungen auch die größte Gefahr, nicht vom Fleck zu kommen, in bestimmten Rollen zu erstarren und gegenüber unseren eigentlichen Wünschen und Bedürfnissen zu resignieren.

> Wir müssen »Ja!« sagen, wenn wir Ja meinen, und »Nein!«, wenn wir Nein meinen. Um das zu können, müssen wir lernen, zwischen unseren wirklichen Wünschen und momentaner Lust oder Unlust zu unterscheiden.

Kein leichtes Unterfangen, das eine Reihe von Experimenten, Reflexionen und viel Zeit erfordert.

Sind wir verliebt, wird diese Aufgabe, gelinde gesagt, noch komplizierter. Dann gehen wir eine umfassende Symbiose ein, in der wir uns nichts sehnlicher wünschen, als mit dem anderen zusammenzusein, wofür wir eine Reihe von Zugeständnissen und Kompromissen in Kauf nehmen. In dieser Phase geht uns Gemeinsamkeit und Harmonie über alles, unser rationales und individuelles Ich wird von Hormonen unterdrückt.

Darauf folgt eine Zeitspanne von sechs bis acht Jahren, in der wir daran arbeiten müssen, unsere Individualität zurückzugewinnen, wenn die Beziehung nicht scheitern soll. Anstelle des Wir treten wieder das Du und Ich, und je genauer wir uns als Individuen definieren, desto stärker kann die Gemeinschaft werden.

Mitunter geschieht es, dass die Lust und Bereitschaft, zum anderen Ja zu sagen, zunehmend als lästige Pflicht und die Beziehung selbst als einengend empfunden wird. Die Partner können dies durchaus zu unterschiedlichen Zeiten empfinden, doch betrifft es immer sie beide. Dabei ist dieses Gefühl der Verpflichtung oft unbegründet, d.h. der andere fordert gar nicht, dass wir unsere Individualität unterdrücken. Wir glauben es nur und vergessen darüber, unseren Eindruck zu überprüfen. So erging es nämlich vielen von uns in unseren Ursprungsfamilien: Wir mussten unsere Individualität unterdrücken, um geliebt zu werden – zumindest haben wir uns das eingeredet.

In vieler Hinsicht ist es für Europa und die USA charakteristisch, dass die Individualität – die Möglichkeiten des Einzelnen, sein eigenes Leben zu leben, sein Potenzial auszuschöpfen, seinen Träumen nachzugehen und seine persönlichen Ziele zu verfolgen – eine wichtige Rolle spielt.

Es scheint eine Konsequenz aus wachsendem Wohlstand und demokratischer Entwicklung zu sein – darunter nicht zuletzt die berechtigte Forderung der Frauen nach Selbstständigkeit und Befreiung –, dass das Wohlergehen des Individuums in den Fokus gerückt ist, und es besteht kein Zweifel, dass diese Entwicklung der psychischen Gesundheit des Einzelnen zugute kommt. Zumindest wird sie einer Reihe von Leiden entgegenwirken, die mehr oder minder direkt auf Unterdrückung und Gewalt in Familie und Gesellschaft zurückgeführt werden können.

Doch die relative Freiheit des Einzelnen und das Recht auf freie Selbstbestimmung machen es mehr denn je erforderlich, persönliche Entscheidungen zu treffen. Das ist der

Preis der Freiheit, und vieles deutet darauf hin, dass hierin auch die Ursache für die permanente Anspannung liegt, die viele von uns empfinden.

In der gesamten Menschheitsgeschichte waren es überwiegend die Gruppe, die Gemeinschaft oder die Machthaber, die wichtige Entscheidungen für uns trafen. Das bedeutet u.a., dass wir eine völlig neue Balance finden müssen zwischen der Verantwortung für uns selbst – für unser eigenes Leben, unsere Gefühle und Handlungen – und der Verantwortung für andere. Um der Verantwortung uns selbst gegenüber gerecht zu werden, sollten wir uns folgende Fragen stellen:

- Wer bin ich und wer will ich sein?
- Wie will ich mit meinem Partner und mit meiner Familie zusammenleben?
- Wie will ich meine Kinder erziehen?
- Welche Wertvorstellungen habe ich?
- Wie will ich meine Arbeits- und Freizeit gestalten?
- Wie ist mein Verhältnis zu Spiritualität?
- Welches Verhältnis will ich zu meiner Familie haben?

Im Lauf einer einzigen Generation muss jeder Mensch weitreichende Entscheidungen für sein Leben treffen. Es ist daher kein Wunder, dass sich viele in Ideologien und einfache Glaubenssätze flüchten.

Was sollte ich?

»No man is an island«, kein Mensch ist eine Insel, – so hat es der englische Schriftsteller John Donne einst formuliert, um zu unterstreichen, dass wir Menschen miteinander verbunden und voneinander abhängig sind. In der Praxis bedeutet das, dass ein Gleichgewicht existieren muss zwischen dem, was wir von anderen Menschen empfangen, und dem, was wir ihnen geben. In bestimmten Phasen unseres Lebens müssen wir viel geben, während wir in anderen darauf angewiesen sind, zu empfangen.

In der Partnerschaft wie im Verhältnis zur übrigen Familie und zu nahen Freunden sollte man sich genau überlegen, welche Forderungen und Erwartungen, die an uns herangetragen werden, für die Gemeinschaft wichtig und notwendig sind und zu welchen wir »Nein« sagen müssen. Nicht nur mit Rücksicht auf unser inneres Gleichgewicht, sondern im Hinblick auf die Gleichwürdigkeit in der Beziehung. In der Praxis müssen wir uns fragen, ob wir unseren Beitrag uneigennützig leisten oder ob wir davon ausgehen, ihn vom Partner vergolten zu bekommen.

Dabei geht es also nicht nur darum, seiner spontanen Lust nachzugehen, wenn man beispielsweise in einem Geschäft ein Kleidungsstück entdeckt, das man seiner Liebsten gern schenken möchte.

Sehr oft geht es darum, die Bedürfnisse der Gemeinschaft abzuwägen und einen bestimmten Beitrag zu leisten, an dem uns zwar persönlich nichts liegt, für den wir aber dennoch die Verantwortung übernehmen, weil auch wir von der Gemeinschaft profitieren.

Denn die Gemeinschaft ist ein Teil von uns und wir sind ein Teil der Gemeinschaft.

Es gefährdet die Beziehung zu unseren Nächsten, wenn wir sagen:

- »Ich muss das tun, damit er nicht eingeschnappt ist.«
- »Ich kann doch nicht Nein zu ihm sagen, wenn er immerzu Ja zu mir sagt.«
- »Wir müssen deine Eltern besuchen, weil sie sonst enttäuscht sind.«

In diesen Beispielen leistet die Sprechende keinen wertvollen Beitrag für die Gemeinschaft, sondern versucht einen Konflikt zu umgehen, ein künstliches Gleichgewicht aufrechtzuerhalten und eine soziale Konvention zu erfüllen. Die Sprechende ist in der Defensive und wälzt die Verantwortung für das, was sie im Sinn hat, auf ihren Partner ab. Für beide wäre es besser, wenn sie beim ersten Beispiel zu ihrem Partner sagte:

> »Ich tue das eigentlich nur, weil du einmal sauer wurdest, als ich es nicht getan habe. Jetzt möchte ich von dir wissen, ob du wirklich sauer warst und warum, denn eigentlich will ich damit nicht meine Zeit verschwenden.«

Im zweiten Beispiel:

> »Ich habe begonnen, Ja zu sagen, weil du Ja zu mir sagst, und nicht, weil ich es wirklich meine.«

Und im dritten Beispiel:

> »Wir müssen mal über das Verhältnis zu deinen Eltern reden. Ich fühle mich mehr und mehr verpflichtet, sie zu besuchen, dabei sollte ich doch eigentlich Lust dazu haben. Meinetwegen erfülle ich auch gern diese Pflicht, aber ich hasse es, in der Beziehung zu ihnen zwischen zwei Stühlen zu sitzen.«

Alle drei Aussagen sind Beispiele dafür, wie die Sprechende Verantwortung für sich selbst übernimmt und damit einen wichtigen Beitrag für die Gemeinschaft leistet.

Manche von uns haben es sich im Lauf der Zeit angewöhnt, sich vollkommen in den Dienst der Gemeinschaft zu stellen und alle möglichen Serviceleistungen zu erbringen. Kurzfristig wird dies von der Gemeinschaft natürlich dankbar angenommen, doch auf lange Sicht bringt ein solches Verhalten die Balance der Beziehung aus dem Gleichgewicht.

Darüber hinaus ist es selbstdestruktiv, raubt uns Energie und Vitalität. Zwar kann es Jahre dauern, um das Gleichgewicht wiederherzustellen, doch lohnt sich diese Mühe für alle Beteiligten.

Der Schutz der eigenen Integrität ist kein Egoismus – wir empfinden dies nur so, wenn wir schon allzu lang unsere eigenen Grenzen missachtet oder es zugelassen haben, dass andere sie verletzen. Auch darf die Pflege und Stärkung der eigenen Individualität nicht mit hemmungslosem Egoismus verwechselt werden. Dieser geht von der irrtümlichen Ansicht aus, dass man selbst die Gemeinschaft nicht nötig hat und andere Menschen für seine eigenen Ziele ausnutzen darf.

Besorgnis – der depressive Ausdruck der Liebe

Den meisten Eltern bricht der kalte Schweiß aus bei dem Gedanken, ihr ungeborenes Kind sei womöglich krank oder bei der Geburt könne etwas Unvorhergesehenes geschehen. Das zeugt von reiner Angst und hat nichts mit Besorgnis zu tun. Viele von uns haben ein beklommenes Gefühl, wenn wir das Kind zum ersten Mal in den Kindergarten bringen und vollkommen fremden Personen überlassen sollen. Natürlich ist es für Eltern, die sich stets als unentbehrlich betrachtet haben, kein Leichtes, innerhalb von fünf Minuten von totaler Kontrolle auf absolutes Vertrauen umzuschalten. Dies sind zwei Beispiele für natürliche, reine Gefühle.

Die häufigste Form der Besorgnis, nämlich die fast unausgesetzte diffuse Besorgnis der Mütter, ist ein Cocktail verschiedenster Gefühle, die mit Liebe und Fürsorge vermischt werden: 1 Teil Furcht, 1½ Teile Angst, 1 Teil Misstrauen, 3 Teile Egozentrik, 1 Teil Schuldgefühle, gewürzt mit ein wenig Eitelkeit. Der Cocktail schmeckt scheußlich, enthält keine wertvollen Nährstoffe, und weder Kinder noch Jugendliche sind sonderlich scharf auf ihn.

Warum ist diese Art der Besorgnis bei Vätern so wenig verbreitet? Vermutlich kommt den Männern in diesem Fall ihr etwas rationaleres Wesen zur Hilfe. Sie halten sich nur selten lange mit Dingen auf, die sie nicht ändern können. Und wenn sie etwas ändern wollen, dann steht ihre Aktivität der Besorgnis im Wege. Natürlich gibt es auch Väter, die sich mehr Sorgen machen, als ihre Partnerin annimmt, weil Frauen diesbezüglich das Monopol in der Familie innehaben. Der Mann behält seine Sorgen meist für sich, um zu verhindern, dass die Besorgnis das dominierende Gefühl in der Familie wird. (Schlimmstenfalls riskieren Männer dabei für gleichgültig und unsensibel gehalten zu werden.)

Viele von uns sind mit ständig besorgten Müttern aufgewachsen, deren Besorgnis selbst dann nicht aufhörte, als wir längst erwachsen waren. Dabei ist es nahezu eine kulturelle Forderung, ihnen dies zu »vergeben«, denn Besorgnis gilt im weiblichen Universum als eine Art Naturgesetz. Auf die Sache mit der Vergebung werde ich später noch zurückkommen, denn es ist schon ein wenig paradox, etwas zu vergeben, das angeblich aus reiner Liebe und Fürsorge besteht.

Opfer unserer Fantasien

Lassen Sie mich feststellen, dass unendlich viele Dinge existieren, die Anlass zur Besorgnis geben: Computerspiele, das Fernsehen, der Verkehr, schlechter Umgang, unsensible Lehrer, Drogen, Pornografie, ungewollte Schwangerschaften und so weiter und so fort. Das Leben ist voller Bedrohungen, inklusive der ständigen Gefahr zu sterben.

Doch glücklicherweise hängt unsere Lebensqualität und die Qualität unserer Beziehungen nicht von den Tatsachen an sich ab, mit denen wir konfrontiert werden. Entscheidend ist, in welcher Weise wir diesen Tatsachen begegnen. Entweder sehen wir ihnen ins Gesicht und stellen uns den Herausforderungen, oder wir fallen ihnen zum Opfer. (Aus Respekt vor den vielen Menschen, die ihnen zum Opfer gefallen sind, möchte ich darauf aufmerksam machen, dass ein großer Unterschied darin besteht, unwillentlich zum Opfer zu wer-

den oder die Opferrolle zu seiner persönlichen Ident
zu machen. Letzteres ist nicht zwangsläufig eine Folge
Ersteren.)

Das Problem mit übergroßer Besorgnis ist, dass sie uns in ein unlösbares Dilemma stürzt.

Wenn wir uns ständig Sorgen machen, fallen wir einzig und allein unseren Fantasien zum Opfer und sind unfähig zu handeln, weil es eben Fantasien und nicht Tatsachen sind, die uns bedrohen.

Daher gehen Besorgnis und Depression oft Hand in Hand, ersticken die Vitalität des Besorgten, schaffen Distanz zu den Mitmenschen und machen ihn einsam. Schauen wir uns ein konkretes Beispiel an:

Niels und Marianne sind seit 22 Jahren verheiratet. Ihr neunzehnjähriger Sohn befindet sich zur Zeit mit seiner Freundin und ein paar Kumpeln auf einer Interrail-Reise durch Europa. Marianne hat ihm, wie üblich, eine Telefonkarte besorgt und ihm das Versprechen abgenommen, dass er jeden zweiten Tag zu Hause anruft, was er natürlich fast jeden zweiten Tag vergisst. Marianne ist rund um die Uhr in Sorge und kann nachts kaum noch schlafen. Niels hingegen macht sich überhaupt keine Sorgen. »Das sind doch alles vernünftige und intelligente junge Leute«, versucht er Marianne zu beruhigen, »die werden schon klarkommen.« Doch Marianne lässt sich nicht beruhigen, im Gegenteil, sie fühlt sich durch seine Worte nur umso einsamer.

Marianne ist eine besorgte Mutter von der tapferen Sorte. Ihrem Sohn gegenüber verliert sie niemals ein Wort über ihre Sorgen – nur ihre Stimme verrät sie. Während ihr Sohn sechs

Wochen lang unterwegs ist, macht sie sich das Leben zur Hölle. Sie genießt die Gartenarbeit nicht mehr, hat kein Auge für die Blumen, nimmt weder Sonne noch Regen wahr, ist zu müde, um mit ihrem Mann Sex zu haben, hat keine Energie, um Freunde einzuladen. Sie existiert quasi auf Sparflamme und wird immer einsamer, weil sie nicht in der Lage ist, im Hier und Jetzt gegenwärtig zu sein.

Schließlich kehrt ihr Sohn sonnengebräunt, fröhlich und vor allem lebend zurück und will die nächsten vier Wochen zu Hause bei seinen Eltern verbringen, ehe er in eine Großstadt ziehen wird, um ein Studium aufzunehmen. In diesen vier Wochen gleicht Marianne einer Blume, die aufblüht, weil sie endlich genug Wasser und Pflege bekommt. All ihre Lebensgeister sind zurückgekehrt. Doch dann kommt der Tag, an dem ihr Sohn auszieht, und neue Sorgen ergreifen von ihr Besitz: Wird er sein Studium meistern, mit dem Geld auskommen, seine Beziehung aufrechterhalten etc.? Niels findet sich erneut damit ab, in ihrem Leben nur noch Beiwerk zu sein, und erteilt seinem Sohn überdies Ratschläge, was er der Mutter erzählen sollte und was lieber nicht: »Du weißt doch, wie schnell sie sich Sorgen macht.«

Es ist kein Vergnügen, in Mariannes Situation zu sein, und kein Leichtes für ihre Umgebung, sich ihrer liebevoll anzunehmen, um ihre Besorgnis womöglich ein wenig zu lindern. Wie einfach wäre alles, wenn sie sich über die Fähigkeiten ihres Sohnes freuen und sich vorstellen könnte, wie spannend sein Leben nun werden wird. Wenn sie sich mit seinen

Träumen identifizieren und ihre Liebe und Fürsorge der eigenen Partnerschaft widmen würde.

Ältere Kinder, insbesondere Teenager, hassen die übergroße Besorgnis ihrer Eltern. Hassen Besorgnis im Allgemeinen! Sie tun dies, weil sie ein Gespür dafür haben, dass in dieser Form der Liebe keine lebensbejahende Kraft steckt und – nicht zuletzt! – weil in dieser Besorgnis ein grundlegendes Misstrauen in ihre Fähigkeiten und Talente, in ihre Lebenstüchtigkeit zum Ausdruck kommt. Natürlich wissen sie auch, dass alles nur »gut gemeint« ist, daher kleidet sich ihr Hass zumeist in Irritation, Lügen oder Schweigen.

Zweifellos gehören Sorgen dazu, wenn man Kinder hat, doch sollten Sie darauf achten, sie nicht überhandnehmen zu lassen. Sonst wird Ihre tief empfundene Liebe, die so viele Nuancen hat, zu einer Belastung für alle, die zwangsläufig mit ihr konfrontiert werden. Aus diesem Grund existiert wirklich so etwas wie eine kulturelle Forderung nach Vergebung. Es gibt tatsächlich etwas zu vergeben – falls man dazu in der Lage ist.

Konkrete Sorgen sollte man hingegen mit seinem Partner oder anderen Erwachsenen teilen – vor allem, wenn es darum geht, eine konstruktive Lösung zu finden. Diese Form der Besorgnis ist ja eigentlich nur ein Zeichen dafür, dass man sich über die Entwicklung seiner Kinder Gedanken macht und sich mit ihrer nahen Zukunft beschäftigt, wie z.B. den Erfordernissen der Schule oder mit neuen Freunden. Doch belasten Sie Ihre Kinder nicht mit diesen Sorgen – sie könnten dies als Misstrauen werten und womöglich an Selbstvertrauen verlieren.

Doch wie soll man gegen die eigene Besorgnis ankämpfen? Was soll Marianne tun? Marianne sollte versuchen zu begreifen, dass sie durch ihre übermäßige Besorgnis viel Energie verschwendet. Ebenso verhält es sich mit den diffusen Schuldgefühlen, die unter modernen Eltern so verbreitet sind: Sie liefern ein Alibi, um passiv zu sein und notwendigen Entscheidungen aus dem Weg zu gehen.

Gemeinsam mit ihrem Mann und ihrem Sohn hat Marianne die Möglichkeit, ihrer übertriebenen Besorgnis ein Ende zu setzen. Sie muss diese Veränderung selbst wollen und ihre Familie um Hilfe bitten. Niels muss endlich aufhören, seinen Beitrag dazu zu leisten, dass ihre Besorgnis und schlaflosen Nächte ihr gemeinsames Leben bestimmen. Und auch ihr Sohn sollte klar zum Ausdruck bringen, wie sehr er ihr konkretes Interesse, ihre Unterstützung und ihre Freude an seiner Existenz vermisst.

Es ist nicht immer von Vorteil, etwas von Kindern zu verstehen

In früheren Tagen gehörte eine typische »Anorexie-Familie« (Anorexia nervosa = Magersucht) der gehobenen Mittelschicht an, die unter allen Umständen darauf aus war, ihre bürgerliche Fassade aufrechtzuerhalten. An der makellosen Oberfläche durfte nicht gekratzt werden, während sich gleichzeitig die Probleme anhäuften, die so geflissentlich unter den Teppich gekehrt wurden. Heutzutage sieht es so aus, als sei ein neuer Familientypus von dieser Krankheit befallen.

Inzwischen haben sich zahlreiche Familien an mich gewandt – die »magersüchtigen« Töchter zwischen 3 und 15 Jahre alt –, in denen die Eltern oder zumindest ein Elternteil dem »professionellen« Fach angehören, also Pädagogen, Sozialarbeiter, Psychologen oder Ärzte sind. Kennzeichnend für diese Familien ist, dass die Erwachsenen nicht im klassischen Sinn als konfliktscheu oder antiaggressiv bezeichnet werden können – im Gegenteil! Alles, was nur den geringsten Anschein eines Konflikts hat, wird erbarmungslos an die Oberfläche gezerrt und stundenlang hin und her gewendet (was eine recht lautstarke Angelegenheit werden kann).

Doch in Wahrheit ist dies vielleicht nur eine neue Spielart der alten bürgerlichen Fassadenpflege. Denn paradoxerweise ist dieser neue Typus der Anorexie-Familie – was natürlich auch für Familien gilt, in denen es Bulimie oder sogenannte tyrannische Kinder gibt – mitunter das Resultat eines Übermaßes an Fachwissen und Aufklärung. Eltern interessieren sich mit nie gekannter Intensität für ihre Kinder und überfrachten sich mit Informationen – was zu furchtbaren Konsequenzen führen kann. Furchtbar deshalb, weil all diese Informationen zunächst einen feinen pädagogischen Filter im Gehirn durchdringen müssen. Und dieser Filter schafft Distanz und ersetzt herzliche durch pädagogische Reaktionen – wobei »pädagogisch« in diesem Fall »strategisch« bedeutet.

Wie aus dem Lehrbuch ...

Außer dem »professionellen« Hintergrund der Erwachsenen war den Anorexie-Familien gemein, dass sie nur wenig Vertrauen in das etablierte Behandlungssystem besaßen. Sie alle hatten eine Reihe von Freunden und Bekannten angerufen und nahezu immer denselben Rat bekommen: Versucht es einfach mit Zwang! Das Mädchen musste einfach essen, und damit basta! Einer der Eltern sollte sie dazu zwingen, ganz gleichgültig, wie lange es dauern würde. Im Gegenzug sollte das Mädchen die Wahl haben, wer ihrer Eltern diese Aufgabe übernehmen sollte. Doch der springende Punkt ist folgender: Die Mädchen dieser Familien entscheiden sich nahezu ausnahmslos für denjenigen Elternteil, der keine pädagogische oder psychologische Fachausbildung besitzt.

In einer der Familien, mit denen ich zu tun hatte, war es die Mutter, die eine solche Ausbildung besaß. Das Mädchen war zehn Jahre alt und hatte in den letzten sechs Monaten nur sehr wenig gegessen. Nach mehreren Gesprächen war die Mutter der Verzweiflung nahe. Sie wusste genau, dass die Essverweigerung ihrer Tochter im Kern mit dem mangelnden Zusammenspiel ihrer Eltern zu tun hatte und damit ein Symptom für einen grundlegenden Konflikt zwischen den Familienmitgliedern war, doch nun wollte sie über dieses Symptom sprechen und hatte auch schon mehrere gute Ideen, wie man ihre Tochter zum Essen bewegen könne.

So wie die meisten von uns in einer solchen Situation hatte die Mutter natürlich Angst, ihre Tochter könne verhungern. Ich sagte, dass es meiner Meinung nach wichtig sei, Kindern zu zeigen, dass man ihre Anstrengungen zu schätzen wisse. Denn erst ihre Anstrengungen – sichtbar geworden durch das Symptom – hätten allen zweifelsfrei zu verstehen gegeben, dass irgendetwas nicht stimmte. Das hätten sie auch getan, sagte die Mutter. Daran zweifle ich, entgegnete ich. Doch sie blieb bei ihrer Aussage. Da fragte ich sie, mit welchen Worten sie ihre Anerkennung zum Ausdruck gebracht hätte. Sie antwortete – und es klang wie aus einem Lehrbuch: »Wenn es einem in der Familie nicht gut geht und man Schwierigkeiten hat, darüber zu sprechen, dann kann es passieren, dass ...«

Sie hatte dem Mädchen eine Erklärung für ihr Symptom gegeben. Es war eine gute pädagogische Erklärung, die ihren Zweck erfüllt hätte, wäre sie von einem Psychologen außerhalb der Familie gekommen. Danach hatte sie versucht, das Mädchen irgendwie zum essen zu bewegen (was meines Erachtens eine ausgezeichnete Alternative dazu darstellt, das Mädchen ins Krankenhaus einzuliefern und mit einem Kalorienzählprogramm oder dergleichen zu beginnen).

Diese Eltern benötigten fünf Stunden am Tag, um drei Mahlzeiten einzunehmen, was die Mutter als unhaltbaren Zustand bezeichnete. Ich sagte, das sei für die Eltern doch eine gute Gelegenheit, offene Gespräche zu führen, aber es zeigte sich, dass sie dazu nicht in der Lage waren.

Also machte ich ihnen einen konkreten Vorschlag. Das Mädchen war außerordentlich ausdauernd, sie machte Fortschritte, wenn die Eltern Veränderungen einführten, ansonsten stagnierte die Situation. Es war offensichtlich, dass sie nicht aufgeben wollte. Daher schlug ich vor, ihr größere Wahlmöglichkeiten einzuräumen. Sie sollte täglich vier Mahlzeiten angeboten bekommen, von denen sie mindestens zwei essen sollte, und ich schlug ihnen vor, die Zeit für das Abendessen auf eine Dreiviertelstunde zu begrenzen. Obwohl es für die Eltern eine große Erleichterung war, diese Regel einführen zu können, hatten sie immer noch enorme Schwierigkeiten mit der Umsetzung.

> Wenn man selbst in einer Familie aufgewachsen ist, in der die Integrität des Einzelnen nicht geschützt wurde, ist es später nicht leicht, Grenzen zu setzen und seine Grundbedürfnisse anderen Menschen gegenüber zu vertreten.

Das betrifft professionelle Pädagogen und Psychologen genauso wie alle anderen Eltern.

Das Kind im Mittelpunkt

Zwei Dinge sind verkehrt: Das eine ist der Glaube, Eltern könnten die Rolle professioneller Pädagogen übernehmen. Das andere ist die Überzeugung, das Kind müsse unter allen

Umständen im Mittelpunkt stehen, was teils absurde Ausmaße angenommen hat. Denn oft stellen gerade Eltern mit hohem Wissens- und Bildungsniveau das Kind in einer Art und Weise in den Mittelpunkt, die sie selbst zum Verschwinden bringt.

Die Folge können sogenannte tyrannische Kinder sein, die desto mehr einfordern, je mehr ihnen angeboten wird.

Und wenn das, was ihnen angeboten wird, einen distanzierten, kühlen pädagogischen Charakter trägt, dann bekommen sie nicht die Nahrung, die sie brauchen, sondern nur ein analytisches Hirngespinst.

Eltern, die ihre Kinder stets in den Mittelpunkt stellen, reduzieren ihr Leben auf eine Rolle – zumindest dann, wenn sie mit den Kindern zusammen sind. Sie versuchen ihre Elternrolle so gut wie möglich zu spielen und vergessen dabei, Mensch zu sein. Die Kinder begegnen also stets einem Rolleninhaber. Zu diesem Auftreten neigen viele Eltern auch in ihrer Beziehung, denn ein solches Verhalten färbt eben leicht ab.

Die Eltern haben dies von den Profis gelernt, vor allem von denen, die in Betreuungsinstitutionen arbeiten. Vor 30 Jahren begannen deren Mitarbeiter, die Kinder »ins Zentrum« zu rücken. Jetzt müssen wir etwas für die Kinder tun, hieß es, und mit dieser Begründung wurde ihnen unentwegt Aufmerksamkeit geschenkt, was sich auf die heimische Erziehung übertragen hat. Ich habe viele frustrierte Eltern kennengelernt, die sich darüber beschwerten, dass ihre halbwüchsigen Kinder plötzlich nicht mehr mit ihnen in den Urlaub fahren wollten. In all den Jahren hatten sie die Urlaube ausschließlich nach den Bedürfnissen der Kinder ausgerichtet und konnten nun nicht verstehen, dass sich die Begeisterung ihrer Sprösslinge offenkundig in Grenzen hielt. Natürlich spricht nichts dagegen, den Urlaub an einem kinderfreundlichen Ort zu verbringen, doch sollte dies nicht ausschließlich der Kinder wegen geschehen, sondern auch den Bedürfnissen der Eltern Rechnung tragen.

Die Kinder ihrerseits finden auch unter den widrigsten Umständen Möglichkeiten, sich zu beschäftigen, das gilt auch für den Urlaub mit den Eltern. Das Wichtigste für Kinder ist immer noch der Umgang mit Erwachsenen, die als Modell dafür dienen, wie man erwachsene Dinge tut.

Die Kehrseite desselben Problems bilden gewissermaßen die Eltern, denen ganz einfach grundlegende Fähigkeiten im Umgang mit ihren Kindern fehlen, sofern es nicht um konkrete Spiele oder Beschäftigungen, sondern um das ruhige, gelassene Miteinander geht.

Das liegt vor allem daran, dass die neue Elterngeneration teilweise selbst nicht erfahren hat, wie es ist, ganze Tage, Wochen oder Monate mit ihren Eltern zu verbringen, sondern in Betreuungsinstitutionen untergebracht war. Sie wissen nur, wie Kinder und Pädagogen miteinander umgehen, und wenn ihnen das »Pädagogische« nicht liegt, kommt es nicht selten vor, dass sie ihre Kinder auch an Urlaubstagen von anderen betreuen lassen.

In derselben Zeit, in der die Pädagogen die Kinder ins Zentrum rückten, hat sich die Gesellschaft in ihrer Gesamtheit weiterentwickelt und die fundamentalen Bedürfnisse der Kinder nach Nähe und Sicherheit an den Rand geschoben.

»Mama mag es nicht, wenn du ein Symptom zeigst«

Geht es um verhängnisvolle Slogans, können wir vom dänischen Kempler-Institut, dem ich viele Jahre meiner beruflichen Laufbahn gewidmet habe, uns an die eigene Nase fassen. Das Kempler-Institut bietet Ausbildungen in Familienberatung und -therapie an. Unsere Botschaft, dass die

Signale der Kinder auf tiefer liegende Konflikte in der Familie verweisen, hat hin und wieder groteske Folgen nach sich gezogen.

Eltern, deren Kinder schwerwiegende Symptome zeigen, sind oft so konzentriert darauf, die tiefer liegenden Konflikte zu bearbeiten, dass sie die konkrete Situation der Kinder aus dem Blick verlieren. Wird ihnen dies bewusst, kommt es etwa zu folgenden Aussagen: »Entschuldigung, ich weiß, dass es sich nur um ein Symptom handelt und eine mehrjährige Arbeit vor uns liegt, doch wie soll ich meine Tochter in der Zwischenzeit dazu bewegen, etwas zu essen?«

Lassen Sie mich also Folgendes festhalten: Wenn wir zunächst die Signale oder Symptome thematisieren, dann wollen wir einerseits unterstreichen, dass sie einen Sinn haben, und andererseits betonen, dass man die Kinder für diese Signale nicht kritisieren darf!

Damit ist keinesfalls gesagt, dass Eltern die eigene Familie zur psychologischen Werkstatt umbauen sollen, um sich zu bewähren. Und nur weil Kinder und andere Leute gute Gründe für ihr Verhalten haben, braucht man nicht Modell dafür zu stehen. Was einem nicht gefällt, darf man zum Stillstand bringen, solange man die Würde der betreffenden Person wahrt.

Weniger dramatisch, aber nicht minder gefährlich ist ein anderer Aspekt des Problems, der mir aufgefallen ist, nämlich die ständige Besorgnis wissenschaftlich vorgebildeter Eltern. Zugegeben, es ist nicht leicht, eigenes Fachwissen zur Anwendung zu bringen, ohne die Kinder damit zu belasten. Wer über gründliche Kenntnisse und einen großen Erfahrungsschatz verfügt, will bei seinen eigenen Kindern natürlich kein Symptom übersehen.

Doch wer seine Kinder unablässig kontrolliert, gibt ihnen schnell das Gefühl, etwas falsch zu machen bzw. eine Last zu sein. Nichts raubt Kindern so gründlich das Selbstvertrauen wie ständig besorgte Eltern.

Zurück zum Wesentlichen

Doch was bleibt uns noch übrig, wenn all unser Wissen mitunter so fatale Folgen hat? Sollen wir ganz auf Aufklärung verzichten oder alle Ratgeber und Fachbücher (dieses natürlich ausgenommen) mit folgender Warnung versehen?

> »Nicht für den praktischen Gebrauch bestimmt!
> Vergessen Sie alles, was Sie gelesen haben!
> Schädlich für Kinder!«

Auf irgendeine Weise muss es doch möglich sein, Kenntnisse so zu vermitteln, dass der Leser sie nicht in den falschen Hals bekommt. Vielleicht sollte man sich einfach auf das gute alte Prinzip besinnen:

Es geht darum »Ich will!« oder »Ich will nicht!« zu sagen, »Ich mag!« oder »Ich mag nicht!«, »Das akzeptiere ich!« und »Das akzeptiere ich nicht!«. Denn genau das ist es schließlich, was viele Familien trotz ihrer theoretischen Bildung nicht fertigbringen. Sie tragen Konflikte aus, ohne sich jemals richtig in die Haare zu kriegen. Sie vertiefen sich in Analysen und Unterlagen, statt mit der Fernbedienung zu werfen.

Eltern als Sparringspartner für ihre älteren Kinder

In vielen Familien kommt der Dialog zwischen Eltern und ihren heranwachsenden Kindern allmählich zum Erliegen. Manche versuchen ihre groß gewordenen Kinder auch dann noch zu erziehen, wenn die Erziehung längst ihre Wirkung verloren hat. In anderen Familien weicht der Gemeinschaftssinn dem losen Zusammengehörigkeitsgefühl einer Art Wohngemeinschaft.

Doch gibt es eine Alternative zu dieser schmerzlichen Stille, die in vielen Familien entsteht. Eltern können sich dazu entschließen, die Sparringspartner und gleichwürdigen Gesprächspartner ihrer Kinder zu werden. Diese Alternative kann gleichzeitig die Grundlage für ein späteres Verhältnis zu den erwachsenen Kindern sein, das von Vertrauen und Freundschaft geprägt wird.

Die Kindererziehung früherer Tage funktionierte zu großen Teilen nur deshalb, weil die Erwachsenen sie mit verschiedenen Formen der Machtausübung absicherten. Sei es durch unverhohlene Gewalt, subtilen Druck, Hausarrest oder Drohungen – die Machtausübung hinderte die Kinder daran, Dinge zu tun, die sie nicht tun durften, oder veranlasste sie, ein Doppelleben zu führen: ein Doppelleben, bei dem sich die eine Seite im Geheimen weiterhin den Eltern fügte, während die andere, experimentelle Seite mit den Gleichaltrigen erprobt wurde.

Heutzutage, da viele Eltern auf jegliche Form der Machtausübung verzichten, entsteht in den Familien eine Art Vakuum, wenn die Kinder 10 bis 12 Jahre alt werden. Das liegt nicht etwa daran, dass sich die Eltern nicht mehr für ihre Kinder interessieren oder dass die Kinder keinen Kontakt mehr zu ihren Eltern haben wollen. Die Stille entsteht, weil die Eltern ganz einfach nicht wissen, was sie sagen sollen!

Manche Eltern drücken dies so aus: »Es hat doch gar keinen Zweck, etwas zu sagen. Die Kinder machen ja sowieso, was sie wollen.« Umgekehrt hört man manche Kinder stöhnen: »Was nützt es schon, sich mit seinen Eltern anzulegen! Das ist, als würde man auf ein Kissen einschlagen.« Kindern wie Erwachsenen bereitet dieser leere Raum zwischen sich Unbehagen, und vor allem die Eltern befinden sich in einer schwierigen Situation, weil ihre Kinder oft generelle Kritik an ihnen üben: »Wenn meine Eltern doch nur mehr Zeit für mich hätten« oder: »Ich wünschte, sie würden mehr mit mir reden«.

Oft erleben Eltern allerdings, dass ihre Kinder gar nicht besonders erpicht darauf sind, mit ihnen zu sprechen, und zwar weder über die Themen, die sie als wichtig erachten, noch über die Dinge, von denen sie glauben, sie seien wichtig für die Kinder. Viele Eltern empfinden ihre Gesprächsversuche als künstlich oder peinlich und können die Wortkargheit ihrer Kinder nur als allgemeines Desinteresse an ihrer Person verstehen.

Normen müssen sich entwickeln

Das hat in vielen Familien zur Folge, dass Kinder aufwachsen, ohne dass ihre Werte, Normen und Moralvorstellungen sich entwickeln und reifen können. Und obwohl diese Sphäre der Sprachlosigkeit oberflächlich betrachtet stets die gleiche ist, hat sie doch verschiedene Ursachen.

Viele Eltern wissen einfach nicht, wie sie sich verhalten sollen, wenn die guten alten Vorschriften und Verbote nicht mehr funktionieren.

Andere Eltern haben solche Angst davor, ihre Kinder zu kränken oder zu manipulieren, dass sie es kaum noch wagen, einen eigenen Standpunkt zu vertreten, und stattdessen nur noch fragen: »Was findest du selbst?«

Wieder andere Eltern belehren ihre Kinder in einer Art und Weise, die einen wirklichen Dialog unmöglich macht und eine Kette von fruchtlosen Streitereien und Machtkämpfen nach sich zieht.

Ein Stück weit mögen sie sich damit beruhigen, dass die Konflikte der Pubertät oder Vorpubertät oder auch der »heutigen Zeit« geschuldet seien. Doch keine dieser Erklärungen kann den Schmerz von Kindern und Erwachsenen lindern, wenn die Kommunikation gestört ist und der Kontakt sich auf praktische Abmachungen beschränkt.

Über diesen persönlichen Schmerz hinaus hat die allgemeine Sprachlosigkeit zur Folge, dass die Kinder in gewisser Weise »entwurzelt« werden – was nicht bedeuteten soll, dass es besser für sie wäre, die Wertvorstellungen ihrer Eltern ungeprüft zu übernehmen. Doch ein Mangel an Dialog verwehrt ihnen die Möglichkeit, sich überhaupt mit dem Weltbild ihrer Eltern auseinanderzusetzen.

Fehlt diese Auseinandersetzung mit einem gleichwürdigen Widerpart, haben Kinder und Jugendliche es sehr schwer, überhaupt Werte und Normen zu entwickeln, die als Gegengewicht zu den zahlreichen und rasch wechselnden Trends dienen könnten.

Die Schwächsten reagieren manchmal mit Gewalt und Zerstörung, doch auch die Stärkeren empfinden einen substanziellen Mangel im Umgang mit sich selbst und der Gesellschaft. Das kann einen bequemen Egoismus zur Folge haben, aber auch die Sehnsucht danach, einen wertvollen Beitrag für die Gemeinschaft zu leisten.

Doch wie sollen Eltern reagieren,

- die ihren vierzehnjährigen Sohn beim Biertrinken auf dem Marktplatz erwischen?
- wenn ihre zehnjährige Tochter jeden Tag stundenlang vor dem Computer hockt und Videospiele spielt?
- wenn sie die Freunde ihrer Kinder als schlechten Umgang betrachten?
- wenn sie meinen, dass zwei Partys pro Woche auf die Dauer zu viel sind?

Gibt es einen dritten Weg, wenn man seinen Kindern die eigenen Wertvorstellungen nicht aufdrängen, aber auch nicht ständig ein Auge zudrücken will?

Ja, den gibt es tatsächlich, doch wenden wir uns zunächst ein paar Beispielen zu, in denen der Kontakt beinahe abgebrochen oder zu einer formellen Konversation erstarrt ist.

»Jetzt kann ich meiner Mutter nicht mehr vertrauen!«

Das erste Beispiel handelt von einem dreizehnjährigen Mädchen, das während eines Familiengesprächs, das sich um ganz andere Dinge drehte, plötzlich zu mir sagte: »Das Problem ist, dass ich meiner Mutter nicht mehr vertrauen kann!« Die Mutter war schockiert und sprachlos, und da ich sie immer als engagiert und verantwortungsbewusst erlebt hatte, war ich über die Aussage ihrer Tochter genauso überrascht wie sie. Danach erzählte die Tochter, wie unsicher und nervös sie vor einem Monat gewesen sei, weil im Jugendzentrum eine Party stattfinden sollte. Besonderes Kopfzerbrechen hatte ihr die Kleiderwahl bereitet. Sieben verschiedene Kombinationen hatte sie ausprobiert und jedes Mal ihre Mutter um ihre Meinung gebeten. Und jedes Mal hatte die Mutter gesagt: »Das sieht doch hübsch aus.«

»Jetzt verstehen Sie«, sagte die Tochter zu mir, »warum ich meiner Mutter nicht mehr vertrauen kann.«

Ihre Mutter und ich wussten, was sie meinte. Im Fall der Kleiderfrage war die Mutter deshalb so zurückhaltend gewesen, weil sie plötzlich fürchtete, ihre so selbstständige und selbstsichere Tochter könne womöglich wieder unselbstständig werden. Um sie nicht zu beeinflussen, hatte sie sich entschieden, neutral zu bleiben.

Im zweiten Beispiel suchte mich ein siebzehnjähriges Mädchen auf, das verzweifelt über das Verhältnis zu ihrem Vater war. Sie hatte Schuldgefühle, weil die Beziehung zu ihren Eltern seit der Pubertät so problematisch geworden war, und litt darunter, mit ihnen nicht mehr richtig reden zu können. Dass sie seit einem Jahr nicht mehr bei ihren Eltern wohnte, hatte den Konflikt zwar entschärft, doch vermissten vor allem sie und ihr Vater das Vertrauen und die Nähe, die einst zwischen ihnen bestanden hatte. Zur Zeit gerieten sie in der Frage aneinander, welche Ausbildung sie beginnen solle. Während er etwas Konventionelles im Sinn hatte, träumte sie davon, sich zur bildenden Künstlerin ausbilden zu lassen.

Auch in der Vergangenheit hatten ihre Auseinandersetzungen meist einen konkreten Anlass gehabt. Sie vernachlässigte ihre Hausaufgaben, blieb die Nacht über fort, weigerte sich zeitweise, mit ihren Eltern zu reden – ganz zu schweigen davon, dass ihr erster Freund sechs Jahre älter war als sie und einem völlig anderen Milieu entstammte.

Ihr Vater war ein überaus verantwortungsbewusster, engagierter, redegewandter und reflektierter Mann, der es stets als wichtig erachtete, seiner Tochter gegenüber den eigenen Standpunkt deutlich zu machen. Auch war ihm sehr daran gelegen, dass sie von seiner großen väterliche Erfahrung profitierte. Seine Tochter war übrigens ebenso eloquent, energisch und beharrlich wie er.

Die Sehnsucht nach einem harmonischen Miteinander

Es ist eine in vieler Hinsicht klassische Situation: Hier der dominante Vater, der genau zu wissen glaubt, was das Beste für seine Tochter ist. Dort die Tochter, die darum kämpft, ein selbstbestimmtes Leben zu führen. Noch vor wenigen Generationen hätte sich die Tochter ihrem Vater beugen müssen, oder der Kontakt zwischen ihnen wäre abgerissen.

In diesem Fall sind Vater und Tochter willens, einen Machtkampf zu vermeiden, und imstande, ihre Sehnsucht nach einem harmonischen Miteinander zum Ausdruck zu bringen. Was sie daran hindert, liegt auf der Hand. Der Vater tat darüber hinaus das, was die Mutter im ersten Beispiel versäumte, er machte seine Meinung klar. Hingegen vergaß er das, was diese Mutter zumindest versuchte, nämlich sich dafür zu interessieren, wer seine Tochter eigentlich ist, was sie denkt und fühlt und für sich selbst als richtig erachtet. Sie spürte stets sein Engagement, doch nie sein Interesse. Als der Vater schließlich diesen Unterschied begriff, war sein Kommentar: »Es wird mir schwer fallen, mich so zu verhalten, weil ich das in meinem Leben noch nie ausprobiert habe.«

Während der Kindheit seiner Tochter hatte er stets seine Lebenserfahrungen zum Besten gegeben und es auch an der

Verkündung allgemeiner »Wahrheiten« nicht fehlen lassen, mit denen sich seine Generation ihres richtigen Lebens und ihrer Stellung in der Gesellschaft versicherte – »Wahrheiten«, die man seiner Meinung nach beherzigen sollte, wenn man ein gutes Leben führen möchte.

Dabei waren seine Ansichten und Überzeugungen weder besonders seltsam noch altmodisch, sondern brachten nur das zum Ausdruck, was ein Großteil der Gesellschaft als gesunden Menschenverstand bezeichnen würde. Dass er außerdem eloquent und reflektiert war, stellte für seine Tochter natürlich eine große Herausforderung dar.

Da er ihr aber nie ein echtes Interesse an ihrer Persönlichkeit, ihrem Denken und Fühlen entgegengebracht hatte, konnte sie seine gut gemeinten Ratschläge nicht annehmen, und darum entfremdeten sie sich voneinander.

Möglicherweise ist hierin auch die Ursache dafür zu finden, dass die Tochter auf Sprache als Kommunikationsmittel verzichtete und stattdessen den bildhaften Ausdruck der Kunst suchte.

Da das Mädchen eine enge Beziehung zu ihrem Vater hatte, war sie auf den sinnvollen Dialog mit ihm angewiesen. Ohne diesen fiel es ihr schwer, sich selbst zu finden, auch wenn ihr das mit zehn- bis fünfzehnjähriger Verspätung noch gelingen sollte. Solange sie aber nicht zu sich selbst gefunden und ihre Identität geklärt hatte, konnte sie ihre Ziele im Leben nicht definieren, was natürlich die Befürchtungen ihres Vaters bestätigte.

Der Vater seinerseits erkannte nicht, dass er selbst einen gewichtigen Anteil an der Blockade hatte, die seine Tochter daran hinderte, ihr Leben in den Griff zu bekommen. Die Zukunft wird zeigen, ob der Vater in der Lage sein wird, seine Liebe und sein großes Engagement mit einem echten Interesse an ihrer Person zu verbinden. Damit würde er ihr entscheidend helfen, statt ein Teil des Problems zu sein.

Maximaler Widerstand ohne Schaden

Der dritte Weg lässt sich vielleicht am besten illustrieren, wenn man die Rolle der Eltern mit der eines Sparringspartners vergleicht. Der Ausdruck stammt aus der Welt des Boxens und beschreibt einen Trainingspartner, der dem Boxer einen maximalen qualifizierten Widerstand entgegensetzt, ohne ihm Schaden zuzufügen. Eltern erreichen dies am ehesten, wenn sie ihre Ansichten und Überzeugungen klar zum Ausdruck bringen, ohne jedoch zu erwarten, dass ihre Kinder diese teilen.

Es geht also darum, ehrlich und liebevoll zugleich zu sein, sich nichts vorzumachen und dem anderen dieselbe Möglichkeit zu geben.

Es besteht kein großer Unterschied darin, seinen Kindern ein guter Sparringspartner und seinem erwachsenen Partner ein konstruktiver Widerpart zu sein. In beiden Fällen geht es nicht darum, Recht zu bekommen oder seinen Willen durchzusetzen. Es geht darum, sich auf eine Weise auszudrücken, die »Eindruck macht«, und darum, ernst genommen zu werden.

> Ernst genommen werden Eltern vor allem, wenn sie die Kunst beherrschen, ihre Kinder ernst zu nehmen. Darüber hinaus müssen sie es natürlich unterlassen, ihre Kinder zu kritisieren, sie zu demütigen oder lächerlich zu machen.

Wenn man seinen Sohn in der Stadt beim Biertrinken erwischt, sollte man sich besinnen und dann seinem Unbehagen so deutlich und präzise wie möglich Ausdruck verleihen. Auch gilt es, den richtigen Zeitpunkt für ein Gespräch zu finden, um ihn auch wirklich zu erreichen. Es hat keinen Zweck, mitten auf der Straße eine Szene zu machen oder ihn zur Rede zu stellen, sobald er zur Tür hereingekommen ist.

Da Eltern verschieden sind, ist es unmöglich, einen generellen Rat zu geben. Doch wenn ich dieser Vater wäre, würde ich in etwa Folgendes sagen: »Neulich habe ich dich in der Stadt mit einem Bier in der Hand gesehen, und ich will dir sagen, dass ich damit überhaupt nicht einverstanden bin. Ich weiß zwar, dass ich es nicht verhindern kann, aber du sollst wissen, dass mir das vollkommen gegen den Strich geht und dass ich will, dass du damit aufhörst.« (Es ist nicht so wichtig, ob diese Worte von Tränen oder Zorn begleitet werden. Das emotionale Engagement muss jedoch spürbar sein.)

Wenn der Junge nun antwortet: »Ach, komm, das tun doch alle«, könnte man ihm entgegnen: »Mir ist es egal, was die anderen tun, aber mir ist nicht egal, was du tust!« Falls er sagt: »Das hast du nicht zu entscheiden!«, könnte die Erwiderung lauten: »Ich weiß, dass ich dir das nicht vorschreiben kann, aber du sollst jedenfalls wissen, was ich davon halte.«

Länger braucht dieses Gespräch im Grunde nicht zu dauern. Es ist wichtig, einen gewissen »Eindruck« gemacht zu haben – nicht, Einigung zu erzielen. Auch sollte man keine Vereinbarungen treffen, solange sich der unmittelbare Eindruck noch nicht gesetzt hat. Vor allem muss der Erwachsene die Würde des Kindes wahren. Das tut er am besten, indem er es nicht manipuliert, sondern vielmehr ermutigt, seine Verschiedenartigkeit zum Ausdruck zu bringen.

Falls der Erwachsene der Meinung ist, dass Absprachen oder Konsequenzen unerlässlich sind, sollte man sich damit ein wenig gedulden:

»So, jetzt kennen wir unsere Standpunkte.
Lass uns ein paar Tage warten
und dann wieder miteinander reden.«

Als Eltern verkennen wir oft, welch überwältigende Macht wir in den Augen unserer Kinder haben. Wenn sie uns mit ungestümer Kraft all ihre Andersartigkeit und scheinbare Abscheu entgegenschleudern, dann vergessen wir, dass wir immer noch die ultimative Autorität repräsentieren und dass für denjenigen, der auf seiner Individualität beharrt, heftige Emotionen im Spiel sind.

Falls sich herausstellt, dass der Junge damit fortfährt, seine Freitagnachmittage Bier trinkend in der Stadt zu verbringen, bleibt uns nichts anderes übrig, als uns immer wieder mit ihm auseinanderzusetzen. Natürlich kann man auch versuchen, seine physische oder materielle Übermacht zur Geltung zu bringen, doch dürfte man damit nur erreichen, dass der Junge das nächste Mal nicht ein, sondern zwei Bier trinkt.

Die neue Offenheit

Wenn viele Erwachsene nicht die richtigen oder auch gar keine Worte finden, dann liegt das paradoxerweise daran, dass sich in den letzten Jahren eine zunehmende Offenheit zwischen Eltern und Kindern entwickelt hat. Vieles, das Kinder früher vor ihren Eltern geheim hielten, tun sie nun direkt vor ihren Augen. Da wir damit aufwuchsen, bestimmte Dinge vor unseren Eltern zu verheimlichen, haben wir in dieser Hinsicht keine alternativen Verhaltensmodelle entwickelt. So verhält es sich auf vielen Gebieten der Kindererziehung: Wir betreten oftmals Neuland, weil wir nicht mehr auf eigene Erfahrungen zurückgreifen können. Das verschafft uns einerseits enorme Möglichkeiten, kreativ und persönlich zu sein, verursacht andererseits Gefühle der Ratlosigkeit und Ohnmacht.

Der beste Weg, sich aus diesem Dilemma zu befreien, ist der direkte Dialog. Um beim Beispiel des Bier trinkenden Sohnes zu bleiben, könnte der folgendermaßen klingen: »Hör mal zu: Ich muss mit dir reden, um mir über meine eigenen Gedanken und Gefühle klar zu werden. Neulich habe ich gesehen, wie du mit deinen Freunden in der Stadt ein Bier getrunken hast, und das hat mir überhaupt nicht gefallen. Am liebsten hätte ich dir sofort das Glas aus der Hand genommen und dich nach Hause geschickt. Doch andererseits habe ich keine Lust, den autoritären Vater hervorzukehren, der dir alles vorschreibt. Ich glaube, du würdest mir helfen, wenn du mir erst mal erzählst, wie du die Sache siehst.«

Der notwendige Dialog

Da die Erwachsenen die Macht gegenüber ihren Kindern immer weniger missbrauchen und diese sich freier entwickeln können als früher, liegt es auf der Hand, den notwendigen Dialog zwischen älteren Kindern und ihren Eltern mit der Form des Dialogs zu vergleichen, der auch zwischen erwachsenen Partnern nötig ist. Die Entwicklung eines solchen Dialogs zwischen Mann und Frau hat gerade erst begonnen. Daher ist es auch nicht verwunderlich, dass es vielen schwer fällt, Verhaltensweisen zu entwickeln, die sowohl das Bedürfnis der Erwachsenen nach Einfluss als auch das der Kinder nach Individualität befriedigen.

Es ist an der Zeit, die Art und Weise, mit der wir unsere Liebe, unser Interesse und Engagement zum Ausdruck bringen, zu überdenken und zu verändern.

Einer alten Tradition zufolge zeigen Eltern ihr Interesse dadurch, dass sie ihre Kinder über deren Tun und Lassen regelrecht ausfragen. Und viele Eltern fahren selbst dann noch damit fort, wenn die Kinder längst aufgehört haben, befriedigende Antworten zu geben.

Doch wenn Fragen immer nur von *einer* Person kommen, ist dies nicht als gleichwertiger Dialog zu bezeichnen. Außerdem kann derjenige, der antworten soll, nur schwer entscheiden, ob die Fragen Ausdruck von Interesse, Fürsorge, Neugier oder Kontrollwillen sind. Wenn ältere Kinder gar nicht oder nur einsilbig antworten, ist dies oft Ausdruck von Unsicherheit und Unwillen.

Stellen wir uns eine klassische Situation vor: Man erkundigt sich am späten Nachmittag, wie es in der Schule oder gemeinsam mit den Freunden war, erhält aber nur eine dürftige Antwort. Dann sollte man versuchen, zu einem gleichwürdigen Dialog überzuwechseln. Es ist sicher keine schlechte Idee, zunächst eine Stunde verstreichen zu lassen und sich zu fragen, ob man selbst im Lauf des Tages etwas erlebt oder gedacht hat, das erwähnenswert ist. Ist dies der Fall, dann erzählen Sie dem Kind davon, wenn Sie das Gefühl haben, dass Sie den Kontakt zueinander bereits gefunden haben. Vermutlich wird Ihr Kind unmittelbar darauf oder später am Abend von sich aus erzählen, was es auf dem Herzen hat.

Diese Form des Dialogs schafft einen viel offeneren und stabileren Kontakt, auch wenn es für manche Erwachsene zunächst ungewohnt sein mag, die Rolle des Fragestellers gegen die des Erzählers einzutauschen. Doch auf diese Weise geben wir auch die klassische Erwachsenenrolle des Besserwissers auf. Der pädagogische Unterton verschwindet und wird von persönlichen Mitteilungen ersetzt. Wir müssen lernen auszudrücken, wer wir sind und wofür wir stehen, statt unseren Kindern vermitteln zu wollen, wie sie sein sollten.

Kinder brauchen Aufmerksamkeit

Wir alle kennen eine oder mehrere der folgenden Aussagen:

- Kinder brauchen viel Aufmerksamkeit.
- Das tut sie doch nur, um auf sich aufmerksam zu machen.
- Kinder stehen heutzutage viel zu sehr im Mittelpunkt.
- Die Kinder von heute wollen ständig beachtet werden.

Manchmal benutzen wir das Wort »Aufmerksamkeit« in seiner positiven Bedeutung, mitunter verleihen wir ihm aber auch einen negativen Klang, wenn wir zum Ausdruck bringen wollen, dass jemand partout alle Aufmerksamkeit an sich reißen will oder es nicht ertragen kann, wenn ein anderer im Mittelpunkt steht.

»Ich will, dass du mich siehst!«

Doch was hat es mit dem kindlichen (menschlichen) Grundbedürfnis, »gesehen« zu werden, auf sich? Inwiefern ist der Wunsch, bewusst wahrgenommen zu werden, ein existenzielles Bedürfnis, und wann wird er zu einem Ausdruck egozentrischen Verhaltens?

Wirklich »gesehen« fühle ich mich, wenn andere sozusagen hinter die Kulissen schauen und mich so erkennen, »wie ich bin«. Das setzt voraus, dass sich zumindest ein anderer Mensch so stark für mich interessiert, dass er sich die Mühe macht, hinter die Fassade meines scheuen, ungestümen, ängstlichen, munteren oder aggressiven Verhaltens zu gucken.

Das Bedürfnis, »gesehen« zu werden, ist so alt wie die Menschheit. Neu ist hingegen, dass wir dies in der modernen Pädagogik, beispielsweise bei der Kindererziehung, berücksichtigen. Wir tun das u.a., weil wir in den letzten 40 bis 50 Jahren gelernt haben, dass viele der Kinder und Erwachsenen, die alles dafür tun, um »Aufmerksamkeit« zu erlangen, eigentlich nur »gesehen« werden wollen.

Die vielen Reality-Shows im Fernsehen, in denen Kinder und Erwachsene auftreten, haben vor allem die Sehnsucht des modernen Menschen gezeigt, eine sogenannte 15-Minuten-Berühmtheit zu erlangen. Es besteht kein Zweifel, dass viele Teilnehmer sich vor allem bewerben, um endlich »gesehen« zu werden. Umso größer ist dann die Enttäuschung, wenn sie merken, dass man ihnen nur zusieht und die kurzzeitige »Berühmtheit« bloß ein unbefriedigender Ersatz ist.

In der modernen Familie, in der alle einer Reihe von Tätigkeiten außer Haus nachgehen, wird oft ein harter Kampf um die Aufmerksamkeit geführt. Sowohl Kinder als auch Erwachsene greifen manchmal zu extremen Mitteln, wenn sie sich nicht genügend beachtet finden und nicht in der Lage sind, ihre Bedürfnisse zu formulieren. Kinder können sich beispielsweise aggressiv, wehleidig, fordernd oder selbstdestruktiv verhalten, wenn ihr Bedürfnis nach Aufmerksamkeit missachtet wird oder wenn die Eltern glauben, dieses durch oberflächliches Interesse oder Erfüllung aller Wünsche stillen zu können.

Das ist einer der Gründe, warum man sich genug Zeit nehmen sollte, mit Kindern zu spielen. Im Spiel kann das Kind sich ganz nach seinen eigenen Vorstellungen zeigen, was den Eltern Gelegenheit gibt, es besser kennenzulernen.

Manche Eltern werden fast ständig von schlechtem Gewissen oder Schuldbewusstsein geplagt, weil sie das Gefühl haben, zu wenig Zeit mit ihren Kindern zu verbringen. Manchmal trügt dieses Gefühl, oft trifft es jedoch zu.

Häufig versuchen sie den Mangel an Zeit dadurch zu kompensieren, dass sie ihre Kinder über alle Maßen verwöhnen und ihnen in puncto Spielzeug, Geld, Kleidung etc. jeden Wunsch von den Augen ablesen. Eine Strategie, die meist zu Frustration auf beiden Seiten führt, weil das Bedürfnis der Kinder, »gesehen« zu werden, dem der Eltern in nichts nachsteht.

Die meisten Erwachsenen wissen instinktiv oder haben es möglicherweise selbst erlebt, dass sich ein solches Verhalten nicht bezahlt macht. Wenn eine Frau die Nähe und das Interesse ihres Mannes vermisst, dann nützt es nichts, ihr Blumen oder Schmuck zu schenken. Kinder erleben dies ganz genauso, auch wenn sie es nicht formulieren können. Sie können ihre Sehnsucht und Enttäuschung nicht anders zum Ausdruck bringen als sich »quengelig« oder »unerzogen« etc. zu verhalten.

Ebenso wie Erwachsene haben Kinder das Bedürfnis zu erzählen, was sie tun, worüber sie nachgedacht und was sie erlebt haben. Das bedeutet nicht, dass Eltern immer alles gleich interessant finden müssen, doch ist es wichtig, dass sie aufmerksam zuhören, um ein Gespür dafür zu entwickeln, was ihre Kinder eigentlich sagen wollen – ob sie nun von der ungerechten Freundin erzählen oder von ihren Träumen, Jagdflieger oder Modedesignerin zu werden. Das erfordert Zeit, wohlgemerkt Zeit, in der die Erwachsenen weder erziehen noch belehren, sondern einfach nur interessiert zuhören. Nach dem Maßstab der Kinder ist dies echte »quality time«.

Kinder und Jugendliche, die ständig auf eine Weise nach Aufmerksamkeit suchen, die ihre Umgebung irritiert oder von ihnen selbst als demütigend erlebt wird, fühlen sich meist zu wenig »gesehen« und akzeptiert. Je mehr oberflächliche oder irritierte Aufmerksamkeit sie bekommen, desto größer wird ihre Sehnsucht.

Es gibt eine dritte Form der Aufmerksamkeit, die für das Wohlergehen des Einzelnen und der Familie von großer Bedeutung ist. Sie ist am ehesten mit dem Radar eines Schiffs zu vergleichen, das alles registriert, was in einem bestimmten Radius vor sich geht. Kindern ist diese Fähigkeit angeboren, und die meisten Mütter entwickeln sie besonders nach der Geburt in Bezug auf ihre Kinder. Sie haben stets ein Gespür dafür, wie es ihren Kindern geht, was sie beschäftigt, womit sie sich herumschlagen usw. Väter entwickeln dieses Fingerspitzengefühl oft erst dann, wenn sie einmal die Möglichkeit haben, ein oder zwei Wochen allein mit ihrem Kind zu verbringen. Für Eltern ist es eine Kunst, alles zu registrieren, sich jedoch auf das Wesentliche zu konzentrieren. Und das erfordert, dass man Zeit miteinander verbringt.

Es ist ein von den Medien geschaffener Mythos, dass Eltern heutzutage keine Zeit mehr für ihre Kinder oder für ihre Partnerschaft haben. Wir kommen der Wahrheit sicherlich näher, wenn wir konstatieren, dass auch die Kinder vergangener Zeiten in hohem Maß das Gefühl vermisst haben, beachtet zu werden, und dass es auch schon früher Paare gab, die manch belanglose Stunde miteinander verbracht haben.

Die Erwartungen an die emotionale Substanz in der Familie sind in den letzten 20 Jahren gewaltig gestiegen, und natürlich braucht es seine Zeit, um zu lernen, wie wir uns auf eine Weise füreinander interessieren und engagieren können, die konstruktiv ist und nicht nur Ausdruck unseres schlechten Gewissens.

Es ist schön, Anerkennung im Beruf oder in der Schule zu finden, doch unser Bedürfnis, von denen »gesehen« zu werden, die wir lieben, wird dadurch nicht kleiner. Manchmal sogar im Gegenteil, denn im Beruf oder in der Schule finden wir aufgrund unserer Leistung Beachtung, deren Qualität uns somit bestätigt wird. Doch haben wir ein mindestens ebenso großes Bedürfnis, als Mensch »gesehen« und geschätzt zu werden, und das geschieht fast ausschließlich in den Beziehungen zu denen, die wir lieben.

Sollen Kinder Pflichten haben?

Eltern sind verschieden. Manche sind darauf eingestellt, die unstrukturierten und spontanen Geschenke ihrer Kinder entgegenzunehmen. Andere versuchen diesbezüglich eine gewisse Struktur zu schaffen, indem sie ihren Kindern Pflichten auferlegen. Wenn man sich zu Letzterem bekennt, sollte man sich hin und wieder fragen, ob man sich Kinder oder Dienstleistende wünscht.

Wenn wir über Kinder und Pflichten sprechen, müssen wir uns zunächst über drei Dinge Gedanken machen:

- Welchem Interesse dient es, dass Kinder Pflichten haben?
- Geht es um Pflichten oder um Aufgaben?
- Kein Mensch fühlt sich auf Dauer wohl, wenn er von einer Gemeinschaft nur nimmt, ohne zu geben.

Gut für die Entwicklung?

Im Zuge der zunehmenden Trennung von Arbeits- und Familienleben sind viele Eltern der Meinung, ihre Kinder sollten zu Hause ein paar Pflichten übernehmen. Die Begründung lautet zumeist, es tue ihnen gut und fördere ihre Entwicklung.

Wenn wir alles berücksichtigen, was wir heute über die kindliche Entwicklung zwischen dem 3. und 13. Lebensjahr wissen – auch in Anbetracht der Fähigkeit und des Willens der Kinder zur Zusammenarbeit –, spricht eigentlich nichts dafür, dass diese Behauptung wahr ist.

Wir wissen im Gegenteil, dass es das Beste für das Wohlbefinden und die Entwicklung der Kinder ist, so viel wie möglich zu spielen. Das Spielen erleichtert nicht nur spätere Lernprozesse, sondern stärkt die Kinder auch, um schwierige Situationen im Leben meistern zu können.

Dass Kinder möglichst viel Gelegenheit zum Spielen haben sollen, bedeutet nicht, dass sie zu Hause nicht auch praktische Arbeiten übernehmen können, doch habe ich die Erfahrung gemacht, dass Kinder umso hilfsbereiter sind, je weniger Pflichten sie haben. Falls man die Ansicht vertritt, dass auch Kinder, die jünger als 13 bis 14 Jahre alt sind, gewisse häusliche Pflichten übernehmen sollen, kann man sich zunächst einen Eindruck davon verschaffen, zu welchen Konflikten dies in der Praxis führt.

Wenn keinerlei Konflikte auftreten, besteht an und für sich kein Grund, etwas zu ändern. Wenn die Pflichten der Kinder jedoch, wie so oft, zu Konflikten führen, sollte man seine Einstellung zu diesem Thema überdenken. Denn in der Regel ziehen viele Pflichten auch viele Probleme nach sich.

»Wir hatten eine Abmachung!«

Viele dieser Konflikte entstehen, weil die Eltern zu wenig Rücksicht auf die Entwicklung der Kinder und ihre altersspezifischen Fähigkeiten nehmen. Sie lassen beispielsweise außer Acht, dass Kinder im Alter von 9 bis 10 Jahren noch nicht besonders weit in die Zukunft blicken können. Willigt ein Kind dieses Alters also ein, drei Mal in der Woche abzuwaschen, dann denkt es nicht darüber nach, dass diese Abmachung auch in drei, vier Wochen oder gar Jahren noch gelten soll.

So gerät der Kooperationswillen des Kindes rasch in Konflikt mit der mangelnden Fähigkeit, in größeren zeitlichen Dimensionen zu denken. Während die Eltern bereits den ganzen Jahreskalender vor Augen haben, befindet sich das Kind hauptsächlich im Hier und Jetzt.

»Wir hatten eine Abmachung, und du hast ihr selbst zugestimmt«, lautet später der Vorwurf der Eltern.

Dabei drücken sie sich so aus, als handelte es sich um eine Abmachung unter gleichwertigen Partnern, was beileibe nicht der Fall ist. Kinder sagen aus demselben Grund »Ja«, aus dem Menschen, von der Liebe berauscht, ihrem Partner versprechen: »Ich werde dich immer lieben!« Man sollte eine solche Aussage jedoch nicht als bindendes Versprechen oder gar eine Art Vertrag ansehen, sondern als spontane Liebeserklärung, die zum Ausdruck bringt, wie intensiv das Gefühl in diesem Augenblick ist.

Wenn man die Überzeugung vertritt, dass die Übernahme häuslicher Pflichten wichtig für die Entwicklung der Kinder ist, dann sollte man sich zumindest darauf einstellen, die »Abmachung« immer wieder zu revidieren, d.h. mindestens drei, vier Mal im Jahr.

»Soll ich dir helfen?«

Wenn ein Elternteil plötzlich auf sich allein gestellt ist, legen Kinder oft eine nie gekannte Hilfsbereitschaft an den Tag.

Kinder zeigen sich dann hilfsbereit und pflichtbewusst, wenn die Hilfe plötzlich einen konkreten Sinn hat.

Wenn der Großvater erzählt, dass es früher keine Diskussionen gab, sondern man einfach tat, was einem gesagt wurde, dann hängt das unter anderem damit zusammen, dass damals alle mit anpacken mussten, um die tägliche Arbeit zu erledigen.

Das ist heute nur noch selten der Fall. Kinder kommen gerne den Bedürfnissen der Erwachsenen entgegen, hegen aber eine gesunde Skepsis gegenüber allem, was angeblich »gut für sie« ist.

»Kannst du nicht mal selbst die Initiative ergreifen?«

Wenn Jugendliche zwischen 14 und 20 Jahren alt sind, gelten gewissermaßen andere Spielregeln. Dann sollten Eltern die Situation etwa folgendermaßen definieren:

»Wir sind vier Besatzungsmitglieder und sitzen alle im selben Boot. Auf diesem Boot sind alle gefordert; jedenfalls haben wir keine Lust, einen blinden Passagier zu befördern.«

Jugendliche, die zu Hause wohnen, müssen genau wissen, was von ihnen erwartet wird. Und die Eltern sollten wissen, dass sie die Führungsrolle übernehmen müssen.

Wenn man sich selbst zu seiner 16-jährigen Tochter sagen hört: »Ich glaube, ich sehe nicht richtig! Da komme ich von einem anstrengenden Arbeitstag nach Hause, und der Abwasch von heute Morgen steht immer noch da! Kannst du nicht mal selbst die Initiative ergreifen?«, ja, dann ist das ein klares Zeichen dafür, dass man es versäumt hat, die Aufgaben des Mädchens genau zu definieren.

Es gibt ein paar generelle Signale, die darauf hindeuten, dass die Aufgabenverteilung in der Familie unklar ist oder auf einer allzu moralisierenden Grundlage erfolgte.

Einige junge Mädchen im Teenageralter leiden zum Beispiel zeitweise unter großer Trägheit und Müdigkeit – das sind Perioden, in denen sie nicht in der Lage sind, mehr als das Allernotwendigste für die Schule zu leisten. Diese umfassende Trägheit wird oft auch dadurch verursacht, dass die Erwartungen an ihren konkreten Einsatz in den heimischen vier Wänden zu diffus sind.

Ein anderer Konflikt kommt mit folgenden Worten zum Ausdruck: »Warum immer ich? Gestern hab ich das auch schon getan! Ich habe bald keine Lust mehr, hier zu wohnen, wenn ich immer alles allein machen muss!« Ob mit oder ohne Konflikt, so ist es eine gute Idee, sich mit den Jugendlichen hinzusetzen und so konkret wie möglich seine Erwartungen zu äußern. Man kann auch eine Liste der notwendigen oder wünschenswerten Tätigkeiten erstellen.

Natürlich müssen die Jugendlichen Einfluss auf diese Liste haben, was nicht heißt, dass die Aufgaben nach dem Lustprinzip verteilt werden. Wurden die Jugendlichen in ihren ersten Lebensjahren angemessen und fair behandelt, sind sie vernünftig genug, um das einzusehen.

Doch sind sie auch viel zu geschickt, um nicht doch zu versuchen, um ungeliebte Aufgaben herumzukommen:

> »Ich möchte gerne, dass du zweimal in der Woche dein Zimmer sowie das Wohnzimmer staubsaugst.«
> »Keine Lust.«
> »Gibt es etwas anderes, das du lieber übernehmen würdest?«
> »Nee.«

In dieser Situation gibt es nur eins zu sagen:

> »Okay, wenn du lieber eine andere Aufgabe übernehmen würdest, dann sag Bescheid. Bis dahin musst du eben staubsaugen!«

Wie im Kapitel »Grenzen« beschrieben, ist es von zentraler Bedeutung, sich klar und persönlich zu äußern. Vor allem im Verhältnis zu Teenagern ist es wichtig, sich einer moralisierenden Kritik zu enthalten. Mit einem gereizten »Das verstehst du doch wohl ... wir rackern uns ab, damit du ...«, untergräbt man nur seine eigene Autorität.

Klare Erwartungen

Dass wir Eltern unsere Erwartungen nicht deutlich genug äußern, liegt auch daran, dass wir unablässig über die Folgen nachdenken. Was ist, wenn er auszieht? Wir fürchten den ultimativen Konflikt.

Wenn Teenager sich jedoch so verhalten, dass sie alles auf dem Silbertablett serviert bekommen wollen, sind zwei Dinge zu tun: Man sollte sich einerseits überlegen, ob man früher unklar bzw. ungerecht in seinen Forderungen war: inwieweit man also zu dieser Situation beigetragen hat.

Diese Suche kann sehr fruchtbar sein, vor allem, wenn der oder die Jugendliche in das Gespräch einbezogen wird und die Eltern fähig sind, auch die Untertöne wahrzunehmen.

Falls die Situation unhaltbar wird und die Eltern sie nicht mehr akzeptieren können, müssen sie dies in einem zweiten Schritt freundlich, aber unmissverständlich zum Ausdruck bringen, zum Beispiel auf diese Weise:

»Hör mal zu, mein Lieber. Wenn du meinst, dass es einen Platz auf der Welt gibt, an dem du nicht den geringsten persönlichen Einsatz zu zeigen brauchst, dann solltest du dich dorthin begeben. Doch hier kannst du mit dieser Einstellung nicht länger bleiben. Viel Glück!«

Lassen Sie mich aber unterstreichen, dass die ultimative Trennung meist ein Hirngespinst ist. Ein solches Szenario ist unrealistisch, wenn die eigenen Erwartungen bislang einigermaßen gerecht und klar formuliert waren.

Eine neue Qualität der Hilfsbereitschaft

Den Eltern, die quasi von vorn anfangen wollen, möchte ich ein Experiment vorschlagen: Erlegen Sie Ihren Kindern bis zum Alter von etwa 14 Jahren niemals Pflichten auf. Sie werden im Lauf weniger Jahre durch eine Hilfsbereitschaft belohnt werden, die viel energischer und für beide Seiten konstruktiver ist, als es eine Erfüllung verordneter Pflichten je sein könnte.

Wenn die Situation aber schon festgefahren ist und bereits endlose Konflikte um die Erledigung praktischer Arbeiten entstanden sind, dann gibt es nur einen Ausweg. Setzen Sie sich mit Ihren Kindern hin und sagen Sie: »Mehrere Jahre lang haben wir geglaubt, dass es gut für euch und unsere Familie ist, wenn ihr zu Hause gewisse Pflichten übernehmt. Wir mussten aber die Erfahrung machen, dass dies nicht zu größerer Zufriedenheit und Freude in unserer Familie geführt hat, sondern ganz im Gegenteil. Deshalb möchten wir euch sagen, dass wir uns geirrt haben. Von heute an seid ihr von euren Pflichten entbunden. Und zwar nicht, weil wir nicht gerne hätten, dass ihr zu Hause mithelft, sondern weil wir eingesehen haben, dass sich die Familie am besten entwickelt, wenn dies in gemeinsamem Tempo geschieht.«

Diese Erklärung wird vermutlich einen kollektiven Freudenschrei der Kinder auslösen, worauf die Eltern vor die eigentliche Probe gestellt werden. In den folgenden Monaten werden die Kinder als eine Reaktion auf die bisherige Pflichterfüllung jegliche Hilfe einstellen. Wenn die Eltern in der Lage sind, dies zwei, drei Monate lang auszuhalten, ohne die

Kinder dafür zu kritisieren, werden diese allmählich anfangen, die Initiative zu ergreifen. Ihre Hilfsbereitschaft wird danach eine völlig neue Qualität haben.

Geschäfts- oder Familienleben?

Manche Eltern knüpfen die Gewährung von Taschengeld an die Erfüllung bestimmter Aufgaben, frei nach dem Motto: Ohne Fleiß kein Preis.

Meiner Meinung nach haben Kinder ein bedingungsloses Anrecht auf Taschengeld. Der Betrag hängt natürlich u.a. von den finanziellen Möglichkeiten der Eltern ab.

Manchmal erliegen Eltern auch der Versuchung, ihren Kindern mehr Taschengeld zu geben, als sie eigentlich verantworten können, und fügen dann etwa folgende Bemerkung hinzu: »Dann erwarte ich aber auch, dass du mir zu Hause ein bisschen unter die Arme greifst.« In Wahrheit ist dies eine Vermischung zweier so unterschiedlicher Sphären wir Geschäfts- und Familienleben.

Es gehören viele kleine und große Dinge dazu, um zu Hause eine Atmosphäre zu schaffen, in der sich alle wohlfühlen, und man darf durchaus erwarten, dass die Kinder im Lauf ihrer Entwicklung das Ihrige dazu beitragen. Das funktioniert aber nicht nach dem Prinzip »eine Hand wäscht die andere«.

Wer seine Kinder zu Hause entlohnen möchte, der kann ihnen einen festen Taschengeldbetrag und darüber hinaus die Möglichkeit geben, sich durch die Übernahme freiwilliger Tätigkeiten, die von den Eltern definiert werden, etwas dazuzuverdienen.

Das dient auf beiden Seiten der Klarheit. Die Kinder bewahrt es vor dem etwaigen Schuldbewusstsein, alles »gratis« zu bekommen. Und eine klare Definition der Aufgaben vermeidet die Konflikte, die zwangsläufig entstehen, wenn wir uns ungenau ausdrücken und die Kinder bitten, »uns hin und wieder unter die Arme zu greifen«.

Wie in den meisten Fragen, die sich um familiäre Regeln und Wertvorstellungen drehen, muss jede Familie ihren eigenen Weg finden und ihre eigenen Normen festlegen. Wird das Familienleben in hohem Maß von Konflikten und gegenseitiger Kritik geprägt, dann ist es an der Zeit, diese zu hinterfragen.

Das Zusammenspiel der Erwachsenen: Herz und Nahrung der Familie

Eine Liebesbeziehung zwischen zwei Erwachsenen gleicht in vieler Hinsicht einer Freundschaft oder einem langjährigen Arbeitsverhältnis: Unser Wohlbefinden hängt ganz davon ab, ob die »Chemie« zwischen den Partnern stimmt. Der entscheidende Unterschied besteht darin, dass alles, was in einer Liebesbeziehung passiert, sehr viel schneller geschieht und tiefer geht als in anderen Beziehungen.

Ich benutze das Wort »tiefer«, um darauf aufmerksam zu machen, dass sowohl die konstruktiven als auch die destruktiven Elemente des Zusammenspiels an die Wurzeln unserer Existenz und an die Persönlichkeit rühren, die sich im Lauf der Jahre entwickelt hat. Jedes Liebesverhältnis zu einem anderen Menschen prägt wesentlich unsere Existenz und formt unsere Persönlichkeit aus – ein Leben lang.

Das beginnt mit unseren Eltern und Geschwistern und setzt sich später mit Partnern, Kindern und im glücklichsten Fall mit Enkeln fort.

Deshalb tragen wir stets eine Mitverantwortung für die Lebensqualität unseres Partners. Nicht als moralische Verpflichtung, sondern als unumgängliche Konsequenz aus dem Umstand, zu lieben und geliebt zu werden.

Kraft unserer unverwechselbaren Existenz dringen wir in den empfindlichsten Bereich des Partners vor, wie gut dieser sich auch zu schützen meint.

In einer Beziehung ist es manchmal nicht leicht, die konstruktiven von den destruktiven Elementen zu unterscheiden. Was uns im Augenblick missfällt, kann sich auf lange Sicht durchaus als konstruktiv erweisen. Was freilich nicht bedeutet, dass sich ein konstruktives Zusammenspiel nicht auch wunderbar anfühlen kann. Dies kann es gewiss, beispielsweise, wenn wir uns von einem anderen Menschen erstmals wirklich »gesehen« und beachtet fühlen, wenn wir in einer zeitlosen Harmonie verschmelzen oder auch nur spüren, dass wir durch gemeinsamen Einsatz genau das erreichen, was wir uns vorgestellt haben.

Das Problem mit diesen Augenblicken, Stunden oder Tagen ist nur, dass niemand weiß, wie man sie erzeugen kann. Es gibt kein Rezept, das Glück garantiert, und keine Möglichkeit, es wissenschaftlich zu beschreiben. Wir können nur Musik oder Poesie erschaffen.

Schreiben können wir allenfalls darüber, wie man eine Liebesbeziehung am besten gestaltet und den latenten Problemen begegnet, die unausweichlich sind. Nicht um schmerzliche Konflikte zu meiden, sondern um stärker und klüger daraus hervorzugehen.

Lasten unserer Herkunftsfamilie

In unseren Ursprungsfamilien üben wir bestimmte Verhaltensweisen ein, die sich sowohl nach innen als auch nach außen richten. Manche von ihnen sind selbstdestruktiv. Das bedeutet, dass wir Dinge tun, die nicht in unserem ureigensten Interesse liegen – Dinge, die uns daran hindern, unser Leben zum Blühen zu bringen. Manche werden uns von unseren Eltern oder der Kultur, in der wir leben, auferlegt: die Angst vor unserer eigenen Sexualität, das In-sich-Hineinfressen von Schmerzen, die Vermeidung von Konflikten aus Angst vor Gewalt, das Gefühl, für die gesamte Familie verantwortlich zu sein, weil unsere Eltern nicht dazu in der Lage sind, etc.

Andere haben wir uns selbst auferlegt, weil wir uns so weit angepasst und kooperiert haben wie irgend möglich.

Der springende Punkt ist, dass wir diese Form des inneren und äußeren Verhaltens erlernten, weil wir glaubten, nur so der Liebe unserer Eltern und der Akzeptanz unserer Umwelt sicher zu sein. Und deshalb überführen wir es später in unsere nächste – unsere eigene – Familie. Das gehört ganz einfach zu unserer Art zu lieben und uns wertvoll zu fühlen.

Dann geschieht das Interessante (und Beschwerliche): dass nämlich unsere selbstdestruktiven Verhaltensmuster unserem Partner Schmerzen verursachen. Dies geschieht fast immer überraschend für uns. Denn wir haben vergessen, welch hohen Preis wir in unserer Kindheit selbst dafür bezahlen mussten. Wir haben den Schmerz vergessen und betrachten unser Verhalten als wichtigen Teil unserer Persönlichkeit – was es in gewisser Weise auch ist, denn wir haben uns schließlich seit Jahren so verhalten und auch gute Gründe dafür.

Doch das ist nicht die ganze Wahrheit. Denn unser Verhalten mag in bestimmten Zusammenhängen wichtig gewesen sein, die mittlerweile gar nicht mehr existieren. Unser Selbst ist keine feste, unveränderliche Größe, sondern es ändert sich in Abhängigkeit von unseren wichtigen Beziehungen. Nicht wie ein Chamäleon, das seine Farbe der Umgebung anpasst, sondern weil verschiedene Beziehungen verschiedene Qualitäten in uns aktivieren.

Wenn ich zum Beispiel ein typischer Mann und so aufgewachsen bin wie die meisten Jungen, dann ist meine Fähigkeit, zu arbeiten und meine Familie zu versorgen, von fundamentaler Bedeutung für meine Identität und das Gefühl, für meine Familie und die Gesellschaft von Nutzen zu sein. Meine Partnerin empfindet dies mit der Zeit so, als würde ich unsere Beziehung oder mein Verhältnis zu den Kindern nicht in den Vordergrund stellen, und macht mir deshalb Vorwürfe. Das verwirrt und schmerzt mich. Wenn sie nicht verstehen kann, dass ich es gerade im Hinblick auf meine Familie tue, wie soll ich ihr dann begreiflich machen, wer ich eigentlich bin?

Meine Partnerin hingegen hat mehrere Generationen weiblicher Tugenden im Gepäck und gelernt, dass die Nähe und Gemeinschaft mit den Kindern das Wichtigste überhaupt ist. Gleichzeitig stellt sie hohe Erwartungen an sich selbst, was Ausbildung und Beruf anbelangt – gerade um unabhängig von ihrem Mann zu sein und eine eigene, selbstständige Identität zu haben. Sie meint daher, für zwei arbeiten zu müssen, und fühlt sich in unserer Beziehung allein gelassen.

An einem solch fundamentalen Konflikt trägt niemand die »Schuld«, und es hat auch keinen Zweck, die beiden Lebenssituationen miteinander zu vergleichen. Das wäre wie ein Vergleich zwischen Äpfeln und Birnen. Stattdessen müssen wir sowohl unsere eigene Situation reflektieren als auch Dialogbereitschaft zeigen, ehe wir irgendwann einen Sinn darin erkennen, unsere verinnerlichte Gewichtung der verschiedenen Lebensbereiche zu verändern, und zwar im Hinblick auf uns selbst, unseren Partner und die Gemeinschaft (in dieser Reihenfolge). Voreilige Kompromisse um des lieben Friedens willen helfen uns nicht weiter.

Doch was tun, wenn der eine in einer Familie aufwuchs, in der über vieles gesprochen wurde, der andere jedoch in einer Familie, in der alle Probleme totgeschwiegen wurden? Dann hat der eine Partner die Überzeugung verinnerlicht:

Wenn man sich liebt, spricht man offen über alles, während der andere womöglich denkt: Wenn man sich liebt, muss man alleine mit seinen Problemen klarkommen, ohne den Partner damit zu belasten.

Die Antwort ist stets dieselbe: Beide Partner müssen erkennen, dass das, was sie in ihren Ursprungsfamilien lernten, nicht ausreicht, um ein liebevolles Miteinander in ihrer jetzigen Familie zu erreichen.

Niemand hat Schuld, doch beide tragen die Verantwortung.

Eine persönliche Entwicklung ist unabdingbar, wenn man in einer Paarbeziehung leben will, die nach Gleichwürdigkeit strebt und deren Rollen nicht von vornherein festgelegt sein sollen. Niemand kann eine liebevolle Beziehung zu seinem Partner und seinen Kindern aufrechterhalten, wenn man krampfhaft an der Persönlichkeit und Identität klebt, die man mit 20 besaß. Genau diese notwendige Entwicklung könnte man auch als den größten Gewinn im Hindernislauf der Liebe bezeichnen.

Zusammen sein, zusammen bleiben, auseinander gehen

Eine der wichtigsten Fragen in unseren nahen Beziehungen ist, wie wir liebevolle Gefühle in liebevolle Handlungen übersetzen – und zwar so, dass sie auch als liebevoll verstanden werden. Denn das ist bei weitem nicht so selbstverständlich. Es besteht eine unglückliche Tradition, beim »Sender« nachzufragen, ob eine bestimmte Handlung auch liebevoll gemeint ist. Dabei wäre es zweckmäßiger, wenn dieser den »Empfänger« fragte: »Ist mein Handeln liebevoll verstanden worden?«

Gerät die Kommunikation zwischen uns ins Stocken, haben wir häufig sogleich eine Reihe von Aussagen und Erklärungen bei der Hand, zum Beispiel: »Das wollte ich damit nicht sagen.« – »Versteh mich nicht falsch ...« – »Ich wollte dir damit nicht weh tun.« – »Sag mir doch, was ich tun soll.« Und zu Kindern sagen wir: »Es ist nur zu deinem Besten.« – »Jetzt stell dich nicht so an!« – »Du musst dir das nicht zu Herzen nehmen. Mama und Papa haben es nicht so gemeint.«

All diese Aussagen sollen als Erklärung oder Rechtfertigung dienen, wenn die emotionale Balance zwischen zwei Menschen gestört ist – so wie viele von uns schon als Kind gelernt haben, zu Weihnachts- oder Geburtstagsgeschenken ein glückliches Gesicht zu machen, auch wenn wir gar nicht glücklich waren. Es ging darum, glücklich auszusehen!

»Auf die Gedanken, auf die Absicht kommt es an«, sagte man uns, ohne darüber nachzudenken, welche Verwirrung solch eine unlogische Aussage bei kleinen Menschen anrichten kann, die das Verwirrspiel der sozialen Codes noch nicht durchschauen können.

Dabei haben Kinder in Wahrheit keine Probleme damit, diese beiden Dinge voneinander zu trennen. Sie können durchaus enttäuscht über das Geschenk des Großvaters sein und ihn nachher dennoch umarmen. Sie brauchen nur ein wenig Zeit, das eine Gefühl zu verarbeiten, bis sie dem nächsten Ausdruck geben können. Sie haben sogar ein durch und durch gesundes und naives Vertrauen darin, dass ihr Großvater zwischen ihren Gefühle für das Geschenk und ihren Gefühlen für ihn zu unterscheiden weiß. Es besteht ja kein Zweifel, dass der Großvater das Geschenk kaufte, um seinem Enkel eine Freude zu machen, und das ist eben nicht geglückt – fertig, aus. Es gibt keinen Grund, irgendjemand einen Vorwurf zu machen. Niemand trägt die Schuld. Es handelt sich ganz einfach um eine missglückte Form der Kommunikation zwischen zwei Menschen, wobei der »Sender« stets am meisten daraus zu lernen hat. Er muss sich fragen – und oft tut man gut daran, auch den »Empfänger« zu fragen –, wie er seine Liebe oder Freude auf eine Art zum Ausdruck bringen kann, die beim »Empfänger« auch als liebevoll oder freudig empfunden wird.

Aber bedeutet das nicht, werden Sie jetzt vielleicht denken, dass man sich dem anderen gegenüber stets verstellen muss?

Die Antwort lautet ja und nein. Es kommt darauf an, was man darunter versteht. Wenn man darunter die Verleugnung seiner eigentlichen Gefühle und Überzeugungen versteht, dann lautet die Antwort nein. Die Gefühle an sich sind vollkommen in Ordnung, doch ihr Ausdruck ist manchmal nicht zweckmäßig, und dieser lässt sich ändern oder nuancieren. Nicht dem anderen zuliebe, sondern der Beziehung zuliebe.

Für die mangelnde Übereinstimmung kann es mehrere Gründe geben: Die Unstimmigkeit kann im »Absender« selbst begründet liegen. Es geschieht nicht selten, dass wir Menschen unsere Gefühle auf widersprüchliche Art und Weise zum Ausdruck bringen und damit unsere Umwelt verwirren. Wir schimpfen und schreien, wenn wir traurig sind, oder weinen, wenn wir Zorn empfinden. Früher sagte man: »Wer seine Kinder liebt, der züchtigt sie«, versuchte also gewissermaßen aus der Not eine Tugend zu machen. Es gibt Menschen, deren weicher Kern sich hinter einer rauen Schale verbirgt – und umgekehrt. Männer, die ihre Frauen schlagen, betonen fast immer, wie sehr sie diese liebten – und nicht selten mag das der Wahrheit entsprechen. Bei ihrem »Empfänger«kommt die Handlung jedoch alles andere als liebevoll an. Eines der wichtigsten Dinge, die wir in unseren Ursprungsfamilien lernen, ist, wie wir für die Menschen wertvoll sein können, die uns am Herzen liegen, wie wir unsere Liebe zu ihnen ausdrücken können. Oft entstammen unsere Partner Familien, in denen Gefühle ganz anders zum Ausdruck kamen als in unserer eigenen Ursprungsfamilie. Manche Paare erleben dies auf dem Gebiet der Körperlichkeit. Wenn unsere Liebe also spürbar sein soll, müssen wir oft nach neuen Wegen suchen, um sie zu vermitteln – und entgegenzunehmen.

Es sind eben alle Menschen verschieden, Kinder wie Erwachsene, und es gilt für alle Menschen gleichermaßen, dass sie Möglichkeiten finden müssen, den Nächsten ihre Liebe auf eine Art und Weise zu zeigen, die auch als liebevoll erlebt wird.

Manchmal misslingt dies auch, und das ist wohl die wichtigste Erklärung dafür, dass sich Menschen sehr lieben und trotzdem nicht zusammenleben können. Und natürlich liegt hierin auch ein wesentlicher Teil der Erklärung dafür, dass viele Eltern ihre Kinder immer noch täglich misshandeln – mit den besten und liebevollsten Absichten.

Liebe ich oder bin ich verliebt?

Die Begriffe »Liebe« und »Verliebtheit« werden häufig vermischt. Vierzehnjährige schwören sich ihre Liebe, während Menschen, die seit vielen Jahren miteinander verheiratet sind, manchmal sagen, sie seien immer noch verliebt ineinander, und meistens wissen wir genau, was sie damit meinen. Ich habe keineswegs vor, Ordnung in dieses romantische Chaos zu bringen, sondern will nur auf eine Lebensphase hinweisen, in der es nützlich sein kann, diese Wörter wieder ihrer eigentlichen Bedeutung zuzuführen.

In der ersten Phase einer Beziehung, d.h. in den ersten sieben, acht Jahren, sind beide Partner ihrer Verschiedenheit zum Trotz vor allem darauf aus, ihre Gemeinsamkeit und Zusammengehörigkeit zu demonstrieren und in vollkommener Harmonie miteinander zu verschmelzen.

Wenn wir verliebt sind und der andere uns fragt, ob wir mit ihm ins Kino gehen wollen, dann bitten wir uns in der Regel keine Bedenkzeit aus oder fragen lang und breit, um welchen Film es sich handelt, sondern sagen einfach »Ja!«. Um die Details kümmern wir uns später (oder eben nicht), denn wir wollen schließlich unbedingt mit dem anderen zusammen sein.

Auf dieselbe Art und Weise wird sich das verliebte Paar vermutlich auch in anderen Dingen einig werden: in der Kindererziehung, der Einrichtung, in Fragen des Musikgeschmacks, der Kleidung, der Eltern, Schwiegereltern, Freunde etc. Das ist zwar nicht unbedingt zweckmäßig, aber so ist es eben. Und so ist es im Übrigen fast immer, unabhängig vom Alter und der Erfahrung beider Partner. Wohl aus diesem Grund ist der Zustand der Verliebtheit von jeher auch als eine Art Krankheit bezeichnet worden.

Liebe macht blind, sagen wir, meinen damit aber den Zustand der Verliebtheit, der uns daran hindert, den anderen nüchtern zu betrachten. Da ist viel Wahres dran, doch die schwerwiegendste Blindheit ist unsere mangelnde Fähigkeit, uns selbst zu beurteilen und die Unterschiede zwischen uns und unserem Partner zu sehen. Wir verkennen unsere eigenen Bedürfnisse und gehen unentwegt Kompromisse ein, weil uns die Zusammengehörigkeit über alles geht. Doch verleugnen wir unsere Individualität, wenn wir zu viele Zugeständnisse machen.

Falls sich dies über die ersten fünf bis zehn Jahre fortsetzt, wird die Romantik erstickt, und wir beginnen – ob bewusst oder unbewusst – alle Kompromisse, die wir eingehen, im Stillen aufzulisten. Wir sammeln quasi »Rabattmarken«, in der klammheimlichen Hoffnung, der andere werde irgendwann genug Schuldgefühle haben, um sie gegen entsprechende Kompromisse einzutauschen. Das führt oft zu endlosen Streitereien, die dieser Praxis irgendwann ein Ende bereiten, oder es führt zu einem permanenten Zustand der übertriebenen Rücksichtnahme.

Alle zwischenmenschlichen Beziehungen pendeln zwischen den beiden Polen Eigenständigkeit und Gemeinsamkeit. Verkrampft und unhaltbar wird der Zustand, wenn eines so sehr auf Kosten des anderen geht, dass die Gefühle dem nicht mehr gerecht werden.

Doch in den ersten Jahren einer Beziehung, unter der Sonne der Verliebtheit, betrachten wir dies als eine Art Naturgesetz, und der Preis ist das »verflixte siebte Jahr«, dessen

Krise sich unweigerlich einstellt, wenn unsere Verschiedenartigkeit zu lange missachtet und einer übertriebenen Gemeinsamkeit geopfert wurde.

Verliebtheit ist vermutlich einer der egozentrischsten Zustände überhaupt. Natürlich sagen wir, dass wir in ihn oder sie verliebt seien. Verliebtheit bedeutet für die meisten, dass er oder sie eine ganze Lawine an wunderbaren Gefühlen in uns auslöst, die wir über alle Maßen genießen. Man fühlt sich wundervoll, wenn der andere in der Nähe ist, und projiziert dieses Gefühl auf sein Gegenüber. Dabei würde mich nichts und niemand auf der Welt dazu bringen, den Zustand der Verliebtheit abschaffen zu wollen oder den Verliebten zu raten, doch etwas mehr Nüchternheit walten zu lassen. Das einzige Problem an der Verliebtheit ist bekanntermaßen, dass sie eines Tages vorübergehen muss. Und das ist wohl auch gut so.

Denn erst dann werden wir in die Möglichkeit versetzt, zu prüfen, ob wir den anderen auch *lieben* können. Jemand zu lieben erfordert nämlich genau das Gegenteil von Egozentrik. Man muss auf eine Art und Weise von sich absehen können, die nichts mit den voreiligen und teils selbstverleugnenden Kompromissen der Verliebtheit zu tun hat. Man muss die Fähigkeit besitzen, den anderen zu dessen eigenen Prämissen anzunehmen, muss die Wünsche und Bedürfnisse des Partners von den eigenen trennen können. Das schließt auch das Wissen um die Wertmaßstäbe des Partners mit ein, um seine Ziele und Wünsche sowie um den Weg, den er vermutlich einschlagen wird, um seine Bedürfnisse zu befriedigen. Das bedeutet nicht, dass man selbst verpflichtet wäre, diese Bedürfnisse zu befriedigen oder sein Leben in den Dienst des anderen zu stellen.

Doch man verpflichtet sich gewissermaßen, das Leben des Partners genauso ernst zu nehmen wie sein eigenes, seinen Wertvorstellungen, Bedürfnissen und Zielen dieselbe Bedeutung beizumessen wie den eigenen und sich seinen Zielen so wenig wie möglich in den Weg zu stellen.

Das ist es im Großen und Ganzen, was mit »Gleichwürdigkeit« gemeint ist. Und ohne Gleichwürdigkeit ist es absurd, von der Liebe zu einem anderen Menschen – ob zu einem Kind oder Erwachsenen – zu sprechen. Mag das Gefühl noch so stark sein – ohne Gleichwürdigkeit ist es in der Praxis ohne Wert.

Aber bedeutet das denn, werden Sie jetzt vielleicht fragen, dass man in der Beziehung zu allem Ja und Amen sagen soll? Nein, das bedeutet es nicht. Zum einen sind sich nur die Wenigsten ihrer Wertvorstellungen und Ziele zu diesem Zeitpunkt des Lebens wirklich bewusst, und selbst wenn sie dies glauben, täuschen sie sich oft. Daher müssen wir in der Liebe auch liebevollen Widerstand leisten, liebevolle Zweifel anmelden und liebevolle Barrikaden errichten. Mit liebevoll meine ich weder sanft noch nachgiebig. Mit liebevoll meine ich die Fähigkeit, sich in das Leben des Partners einzufühlen. Wenn dies die Grundlage unseres Widerstands ist, dann hat er nichts mit dem egoistischen Widerstand gemein, den wir leisten, weil die Bedürfnisse des Partners den eigenen in die Quere kommen.

Zum anderen gibt es einige wenige Gebiete, auf denen die Gemeinschaft mehr gefragt ist als der Einzelne. Zum Beispiel die Frage, ob wir Kinder haben wollen. Hier werden die gemeinsamen Wertvorstellungen wirklich auf die Probe gestellt.

Sollen wir dem Kinderwunsch des Partners nachgeben, obwohl wir selbst keinen verspüren? Diese Frage muss jeder für sich selbst beantworten. Ich habe das Beispiel nur gewählt, um zu zeigen, dass liebevolle Handlungen zunächst auch als Abweisung empfunden werden können – falls die Antwort »Nein« lautet.

Liebe bedeutet auch, Nein zu den Wünschen und Bedürfnissen des Partners zu sagen – so verständlich und legitim sie auch erscheinen mögen –, wenn man sich nicht in der Lage fühlt, diese mitzutragen.

Doch besteht ein großer Unterschied darin, sein eigenes Nein oder das Nein des Partners in einer konkreten Situation zu bedauern – oder aber seine eigene Ablehnung zu rechtfertigen oder die Wünsche und Bedürfnisse des Partners mit Füßen zu treten.

Mögen der Rechtfertigungsdrang und der Zorn auch der Liebe entspringen, so wird diese nicht spürbar – weder beim »Sender« noch beim »Empfänger«.

Es ist gar nicht so einfach, einen anderen Menschen so zu lieben, dass dieser sich auch geliebt fühlt. Die meisten von uns benötigen ein ganzes Leben, um diese Fähigkeit einigermaßen zu erwerben.

Doch kommt es ja auch gar nicht auf ein perfektes Resultat an. Das Glück besteht darin, wie Søren Bruun gesagt hätte, auf dem Weg zu sein.

Kann Erziehung liebevoll sein?

Ja, und zwar unter denselben Voraussetzungen, unter denen auch eine Paarbeziehung liebevoll sein kann: indem Eltern erkennen, dass man sein Kind erst wirklich kennt, nachdem man ein ganzes Leben mit ihm verbracht hat. Oder anders gesagt: Erziehung kann liebevoll sein, d.h. dem Kind die Liebe seiner Eltern positiv vermitteln, wenn sie die spezifische Veranlagung und Individualität des Kindes berücksichtigt. Doch wenn Eltern über Erziehung reden, meinen sie oft das Gegenteil. Sie geben Schablonen vor, denen sich das Kind, ungeachtet seiner Individualität, anpassen soll. Zwischen Fühlen und Handeln besteht also ein markanter Unterschied. Selbst wenn wir keinen Widerspruch zwischen Fühlen und Handeln empfinden und uns, teils zu Recht, vom anderen missverstanden fühlen, können wir Neues darüber lernen, wie verschieden Menschen sind und wie unterschiedlich sie das erleben, was für uns selbstverständlich ist.

Doch oft besteht das Problem auch im Gegensatz von Form und Inhalt: So als würde man einen Brief erhalten, dessen Umschlag einem so sehr missfällt, dass man ihn gar nicht erst öffnet. Natürlich kann man jemand dafür kritisieren, seine Briefe nicht zu öffnen, doch wird daraus auf lange Sicht kein Gemeinschaftsgefühl entstehen. Versuchen Sie lieber herauszufinden, welche Umschlagfarbe der andere bevorzugt, dann werden Sie zumindest Ihrer eigenen Behauptung gerecht, dass der Inhalt wichtiger als die Verpackung ist.

Gemeinsames Sorgerecht

Das Gesetz zum Gemeinsamen Sorgerecht wird mit so gewichtigen Begriffen wie Gerechtigkeit und Gleichstellung begründet, sollte es doch der langjährigen Tradition ein Ende bereiten, im Scheidungsfall der Mutter das alleinige Sorgerecht für die gemeinsamen Kinder zuzusprechen. Doch das Gesetz wurde in mancher Hinsicht ein Beispiel dafür, wie selbst die beste Absicht das Leben der Menschen, die von ihr betroffen sind, ungeheuer kompliziert machen kann.

Psychologisch betrachtet mag der Begriff des Gemeinsamen Sorgerechts absurd erscheinen, setzt er doch von Vornherein ein gehöriges Maß an Kooperationsfähigkeit und -bereitschaft voraus und daher auch eine große Portion Flexibilität und Anpassungsfähigkeit. Da die meisten Ehen an einem Mangel eben dieser Fähigkeiten scheitern, lässt sich mit gutem Recht fragen, ob die Erwartung berechtigt ist, dass sich diese im Scheidungsfall plötzlich bewähren.

In der Praxis halten sich die Kinder dann oft zu etwa gleichen Teilen bei ihrem Vater wie ihrer Mutter auf, was die Sache sicher nicht einfacher macht – vor allem nicht für die Kinder.

All das bedeutet, dass die Regelung des Gemeinsamen Sorgerechts zahlreiche Gefahren und Fallgruben birgt, über die man sich im Klaren sein sollte, wenn man sie in die Praxis umsetzen will oder mit ihrer derzeitigen Handhabung unzufrieden ist.

Wenn man sich scheiden lässt, muss man begreifen, dass die Partnerschaft vorbei ist. Man verliert also das Recht, sich in die Persönlichkeit und das Privatleben des anderen einzumischen, und damit auch die Möglichkeit, das Leben des anderen aktiv zu beeinflussen.

Das scheint zunächst einleuchtend und unproblematisch zu sein, doch erleben wir oft, dass es genau das ist, womit die Geschiedenen die größten Schwierigkeiten haben. Dafür gibt es natürlich eine Reihe von guten Gründen. Wenn man jahrelang versucht, einen gewissen Einfluss auf einen Menschen auszuüben, ja, diesen in gewissen Dingen zu verändern, damit die Partnerschaft funktioniert, dann ist es nicht leicht, plötzlich damit aufzuhören.

Besonders schwer fällt dies vor dem Hintergrund, dass der ehemalige Partner die wichtigste andere Person im Leben der eigenen Kinder bleiben wird. Nun soll man seine Kinder einem Menschen anvertrauen, den man im Alltag möglicherweise als destruktive Persönlichkeit erlebt hat.

Es ist dennoch von entscheidender Bedeutung, dass die Eltern sich aus dem Leben des Expartners heraushalten. Das schließt jedoch mit ein, dass man selbst die Verantwortung für sein eigenes Scheitern übernimmt. Man muss anerkennen, dass es einem selbst nicht gelungen ist, die Beziehung so zu beeinflussen, dass daraus eine glückliche Gemeinschaft wurde – für viele eine bittere Erkenntnis, vor allem in den ersten Jahren nach der Scheidung, in denen die meisten immer noch auf die Mängel und Fehler des anderen fokussiert sind. Fraglos nicht die leichteste Art, »erwachsen« zu werden, doch sie ist notwendig.

Man tut also gut daran, sich nicht in das Privatleben des anderen einzumischen, und ebenso klug ist es, sich vom anderen nicht ins Vertrauen ziehen zu lassen. Um das zu tun, muss man eine weitere zentrale Verantwortung übernehmen: Die Verantwortung dafür, sich genau diese Person als Vater oder Mutter seiner Kinder ausgesucht zu haben. Wir können von dieser Person geschieden werden, doch die Kinder werden für den Rest ihres Lebens mit ihr zu tun haben, und das ist letztendlich unsere Verantwortung und nur unsere allein.

Zusammenarbeit

Auch Menschen, die zusammenleben und sich lieben, fällt es oft schwer, in der Kindererziehung zusammenzuarbeiten. Daher werden insbesondere nach der Trennung große Anforderungen an das Verantwortungsgefühl und die Flexibilität beider Eltern gestellt. Das bedeutet unter anderem, dass sie sich so aufrichtig und konkret gegenübertreten wie möglich. Ihre eigenen Wünsche und Bedürfnisse müssen dabei im Vordergrund stehen, denn sie sind in dieser Situation im Grunde das größte Tabu. Daher reden die meisten über ihre eigenen Bedürfnisse, indem sie über die Bedürfnisse der Kinder sprechen. Damit verlieren die Eltern in doppelter Hinsicht ihre Glaubwürdigkeit. Zum einen haben sie ihre Kinder ja einst in die Welt gesetzt, um ihre eigenen Bedürfnisse zu befriedigen, und auch die Scheidung diente ihrem eigenen Interesse. Zum anderen fällt auf, das Eltern in dieser Situation die Bedürfnisse ihrer Kinder in einer Art und Weise beschreiben, die sich exakt mit ihren eigenen Bedürfnissen deckt.

Das bedeutet nicht, dass es nicht auch wesentlich um die Bedürfnisse der Kinder geht, doch Grundlage der Zusammenarbeit müssen zunächst die Wünsche, Bedürfnisse und Möglichkeiten der Eltern sein. Ebenso wenig bedeutet es, dass die Erwachsenen immer bekommen, was sie wollen, doch ihre Wünsche müssen der Ausgangspunkt für Diskussionen über die Regelungen sein, die als unbefriedigend empfunden werden.

Eine solch verantwortungsbewusste und flexible Lösung setzt voraus, dass beide Partner »ordentlich« voneinander geschieden werden. Das heißt, dass sie eventuell mit Hilfe von außen die ideellen, emotionalen und materiellen Konflikte zwischen sich ausräumen, die ihre Kommunikation blockieren und jedes Gespräch und jede Diskussion in einen Machtkampf verwandeln. In diesem Punkt gilt dasselbe Prinzip wie in einer bestehenden Partnerschaft: Man tut das Beste für seine Kinder, wenn man das Beste für sich tut. Das gilt natürlich insbesondere, wenn die Kinder klein sind und ihren Willen noch nicht selbst artikulieren können.

Darüber hinaus sollte man sich von Beginn an klarmachen, dass die Zusammenarbeit durch persönliche und geografische Veränderungen stark belastet werden kann. Vielleicht zieht jemand mit einem neuen Partner zusammen, den man selbst nicht mag oder mit dem die Kinder Probleme haben. Möglicherweise scheitert auch diese Beziehung und führt zu einer weiteren Scheidung. Oder der frühere Partner zieht entgegen aller Versprechungen in einen anderen Stadtteil oder sogar in eine andere Stadt. Niemand von uns kann Entscheidungen treffen, die uns 10 bis 15 Jahre lang binden.

Die Situation der Kinder

Anlässlich der Scheidung seiner Eltern hat es ein 18-jähriger mal so formuliert: »Es sollte Eltern gesetzlich verboten werden, sich scheiden zu lassen, ehe die Kinder 30 Jahre alt sind.«

Die meisten Kinder dieser Welt würden ihm wohl zustimmen. Denn aller bestehenden Konflikte zum Trotz, haben

Kinder nur einen Wunsch: dass ihre Eltern ihre Probleme lösen und zusammenbleiben. Eine Scheidung stellt den Kooperationswillen der Kinder auf eine harte Probe, zumal derjenigen Kinder, die zukünftig zwei Elternhäuser haben sollen, also ständig zwischen zwei Wohnorten hin und her pendeln.

Ich will von solch einer Regelung dennoch nicht abraten oder behaupten, dass sie für die Kinder grundsätzlich schädlich ist. Doch setzt sie voraus, dass Eltern ihre Konflikte vorher gründlich beseitigt haben, damit die Kinder nicht zu Geiseln ihres Privatkriegs werden.

Und selbst wenn dies geschehen ist, muss man sich auf eine Reihe äußerst schwieriger Situationen einstellen, in der Kooperationswillen, Übersicht und Flexibilität gefordert sind. Kleinere Kinder können nicht einfach zu ihren Eltern gehen und sagen: »Hört mal, ich finde es verdammt anstrengend, mich ständig auf zwei Wirklichkeiten einstellen zu müssen. Darum möchte ich vorschlagen, dass ihr einen Weg findet, wie ich für längere Zeit am Stück bei einem von euch wohnen kann. Das hat nichts damit zu tun, dass ich euch nicht beide gleich lieb habe, aber die Verabredung, die ihr getroffen habt, ist einfach zu anstrengend für mich.«

Stattdessen wird das Kind vielleicht zur Mutter sagen: »Ich will nicht zu Papa!« – kurz bevor es aus dem Haus gehen soll –, oder es bricht zusammen, ist unglücklich oder verhält sich »unmöglich«, wenn es von seinem Vater zurück ist.

Wenn man in solch einer Situation nicht besonnen reagiert und wirklich das Wohl des Kindes im Sinn hat, dann erliegt man leicht der Versuchung, die Aussage des Kindes zu deuten, wie sie einem selbst ins Konzept passt.

Generell kann man sich darauf einstellen, dass die Kinder sich zunächst ein bisschen schwierig verhalten, wenn sie gerade wieder einmal ihren Aufenthaltsort gewechselt haben. Das zeigt aber nur, wie schwierig es ist, mit zwei Wirklichkeiten zurechtzukommen, und nicht unbedingt, wie man glauben könnte, dass ein Elternteil abgelehnt wird.

Den Kindern Beachtung schenken

Es ist wichtig, mit den Kindern eingehend darüber zu reden, wie beschwerlich die Aufenthaltsregelung für ihren Alltag ist. Hin und wieder muss man sie einfach in den Arm nehmen und sagen: »Dieser ständige Wechsel der Familie muss wirklich schwer für dich sein. Denkst du das manchmal auch?« So werden sie sich zum einen beachtet und zum anderen ermutigt fühlen, ihren Gedanken und Gefühlen Ausdruck zu verleihen.

Die einfache Frage: »Geht's dir gut?« reicht in der Regel nicht aus. Denn Kinder sind den Regelungen ihrer Eltern gegenüber oft dermaßen loyal, dass sie verschweigen, was sie wirklich bewegt.

Wenn die Kinder 12 bis 14 Jahre alt werden, äußern sie häufig die Bitte, fest bei einem Elternteil wohnen zu können. Oft ist das der Elternteil, der das gegenteilige Geschlecht hat. Wenn die Eltern die Kinder unter sich aufgeteilt haben, bitten die Kinder häufig darum, den Aufenthaltsort wechseln zu dürfen. Das Aufwachsen in zwei Haushalten oder mit nur einem Elternteil führt nämlich zu einem inneren Ungleichgewicht, und die meisten Kinder sind klug genug, um einen Ausgleich anzustreben. Das setzt natürlich voraus, dass die Eltern zu diesem Zeitpunkt einzig das Wohl der Kinder im Blick haben und nicht weiterhin in ihre alten Machtkämpfe verstrickt sind.

Alle Kinder und Erwachsenen sind verschieden, und natürlich ist es nicht möglich, die unterschiedlichsten Verhaltensmuster im Kontext des Gemeinsamen Sorgerechts in einem einzigen Kapitel erschöpfend zu behandeln. Ich habe daher versucht, die gängigsten Konflikte zu beschreiben, auf die man sich gegebenenfalls einstellen sollte. Die Gefühle von Kindern und Erwachsenen sind weder demokratisch noch gerecht. Sie sind auch nicht undemokratisch oder ungerecht, sondern gehören einer ganz anderen Kategorie an.

Unser gegenwärtiges Wissen um das kindliche Erleben einer Scheidung und die Bedeutung für das spätere Leben zeigt, wie entscheidend es ist, dass die Eltern zivilisiert miteinander umgehen, und das erfordert u.a. die Fähigkeit, über seine eigenen Gefühle, Ansichten und Überzeugungen hinausblicken zu können.

Von der Kunst, sich beraten zu lassen

Falls Ihr Kind Verhaltensauffälligkeiten oder Symptome zeigt, ist das als eine Art Hilferuf zu verstehen. Wenn jemand auf diesen Ruf aufmerksam wird, ist es vergeudete Zeit, über den Hilferuf an sich zu diskutieren. Der ist nicht das Problem.

Das eigentliche Problem ist irgendwo in der Umgebung des Kindes zu finden. Oftmals braucht es lange Zeit und viel Fantasie, um es zu identifizieren. Zeit, die man nicht verschwenden sollte, indem man über das Kind spricht – was im Übrigen sehr unangenehm für das Kind ist und die Probleme schlimmstenfalls noch verschärft.

Denken Sie also stets daran, dass es nicht um das Problem oder die Schuld des Kindes geht, sondern einzig um die Verantwortung der Erwachsenen. Sich dieser Verantwortung zu stellen, ist nicht immer leicht. Oft ist es gut, sich dafür professionelle Unterstützung zu holen und sich beraten zu lassen. Wer zu dem Entschluss gekommen ist, sich beraten zu lassen, braucht einen gewissen Überblick, damit es zu einer konstruktiven Zusammenarbeit kommen kann:

- Welche Rolle kommt mir zu, wenn ich eine Beratung in Anspruch nehme?
- Welche Möglichkeiten habe ich?
- Welche Erwartungen habe ich an meinen Berater?
- Wie gehen wir überhaupt vor?
- Und was soll ich tun, wenn die Beratung nicht hilft?

Stellen Sie sich vor, dass Ihnen als Eltern Hilfe angeboten wird, weil Ihr Kind offenbar ein Problem hat. Vielleicht ist einer der Lehrer auf Sie zugekommen, womöglich haben Sie sich an einen Arzt oder eine Psychologin gewandt.

Was müssen wir wissen?

Das Erste, was Sie wissen müssen, ist oft am schwierigsten zu akzeptieren:

Wenn Ihr Kind bestimmte Symptome oder Verhaltensauffälligkeiten zeigt, liegt das fast immer daran, dass irgendetwas in Ihrer Familie nicht so funktioniert, wie es wünschenswert wäre. Möglicherweise gibt es destruktive Elemente in der Zusammenarbeit der Erwachsenen, die bislang noch niemandem aufgefallen sind; vielleicht liegt das Problem aber auch ganz woanders.

Kinder spüren solche Dinge viel, viel stärker als wir Erwachsene. Nicht selten handelt es sich um etwas, das zumindest einem von Ihnen sehr wohl bewusst ist. Möglicherweise stören Sie sich als Mutter an der ruppigen Art, mit der Ihr Mann die Kinder behandelt, haben dies aber nie thematisiert, weil er es ja nur gut meint.

Vielleicht wünschen Sie sich mehr Gemeinschaftsgefühl in Ihrer Familie, wissen jedoch selbst nicht, wie Sie dieses stärken sollen. Womöglich bereitet Ihnen das Verhalten Ihres Sohnes gewisse Sorgen, doch verdrängen Sie dies, weil Sie ihn lieben und darauf setzen, dass er seinen Weg schon machen wird. Jungen in diesem Alter sind eben so, sagen Sie sich – und haben vielleicht etwas Wichtiges übersehen. Er ist halt ein Eigenbrötler, denken Sie und haben nicht im Blick, dass er sich mehr abkapselt, als gut für ihn ist.

Vielleicht schockiert Sie auch die Tatsache, dass andere meinen, mit Ihrem Kind sei etwas nicht in Ordnung.

Haben denn immer die Eltern Schuld?

Die Antwort hängt davon ab, wie die Frage gemeint ist. Wenn Sie danach fragen, ob die Eltern die wichtigsten Personen im Leben eines Kindes sind, dann lautet die Antwort JA! Und in diesem Sinne tragen wir Eltern stets eine Mitverantwortung. Bis unsere Kinder etwa 13 bis 15 Jahre alt sind, haben wir weitaus größeren Einfluss auf ihr Wohlergehen als jeder andere. So ist das nun mal, und wir alle versuchen, dieser enormen Verantwortung so gewissenhaft und liebevoll nachzukommen wie irgend möglich. Doch so viel Liebe und Verantwortungsgefühl wir auch in die Waagschale werfen, manchmal gelingt es uns einfach nicht.

Es gibt keine perfekten Eltern! Es gibt nicht einmal annähernd perfekte Eltern!

Doch wenn Sie wissen wollen, ob für die Probleme Ihres Kindes nicht doch ein mieser Lehrer, boshafte Mitschüler und die unseligen Zeiten im Allgemeinen verantwortlich sind, dann lautet die Antwort:

Selbstverständlich gibt es schwierige Zeitumstände und unfähige Lehrer (genauso wie es unfähige Maler, Automechaniker, Ärzte, Psychologen und Eltern gibt), doch ist deren Einfluss niemals so groß wie Ihr eigener. Ein konkretes Beispiel: Wenn ein Kind in der Schule »gemobbt« wird, dann sind die Schüler, die Ihr Kind mobben, sowie die Lehrer, die dies zulassen, natürlich von großer Bedeutung. Aber – und es handelt sich um ein großes Aber: Kinder werden nur gemobbt, wenn es ihnen an Selbstbewusstsein fehlt. Und Selbstbewusstsein oder Selbstwertgefühl ist etwas, das wir unseren Kindern in der Familie vermitteln. Pädagogen und Lehrer sind einfach nicht bedeutungsvoll genug, um das Selbstbewusstsein eines Kindes aufbauen oder zerstören zu können. Sicherlich können sie zu Letzterem beitragen, jedoch nur, wenn das Selbstbewusstsein zuvor schon geschwächt war.

Falls ein Kind also in der Schule gemobbt wird, müssen zwei Dinge ins Blickfeld geraten: Zum einen muss die Familie ergründen, warum das Selbstwertgefühl des Kindes geschwächt ist. Zum anderen muss die Schule dem Mobbing der anderen Kinder ein Ende bereiten. Das Engagement der Eltern ist dabei der entscheidende Punkt. Es ist schlicht und einfach unverzichtbar.

Natürlich ist es angenehmer, sich den eigenen Einfluss vor Augen zu führen, wenn eitel Sonnenschein herrscht. Doch umso wichtiger ist es, zu dieser Verantwortung zu stehen, wenn es Probleme gibt.

Zorn und Enttäuschung

Wenn Ihnen jemand vermittelt, dass Sie ein »Problemkind« haben, ist es ganz natürlich, dass Sie zunächst mit Unverständnis und Zorn reagieren. Es ist auch völlig in Ordnung, wenn Sie Ihre Irritation folgendermaßen artikulieren: »Natürlich dieser Klassenlehrer. Der hat ja auch überhaupt keine Autorität. Wenn der seine Schüler nicht unter Kontrolle halten kann, ist das sein Problem. Wir haben hier zu Haus jedenfalls keine Probleme.«

Als erste Reaktion ist das durchaus verständlich, doch auf lange Sicht macht man es sich zu einfach, sämtliche Verantwortung einfach von sich wegzuschieben. Das befreit zwar kurzzeitig von Schuldgefühlen, hilft Ihrem Kind jedoch nicht weiter. Zorn und Enttäuschung zu bearbeiten, nimmt eine geraume Zeit in Anspruch. Nehmen Sie sich Zeit, um miteinander zu sprechen, in der Familie, mit Freunden, mit Ihrem Berater. Erst wenn diese Phase vorbei ist, werden Sie in der

Lage sein, mit Ihrem Berater verschiedene Lösungswege zu erarbeiten. Falls Ihr Berater Sie im Lauf einer halben Stunde mit einem neuen Problem konfrontiert, zu dem Sie sofort Stellung nehmen sollen, dann sagen Sie ihm, dass Sie mehr Zeit benötigen. (Das heißt, dass Sie mindestens eine Woche bis zum nächsten Gesprächstermin verstreichen lassen.)

Wer berät uns?

Ratgeber haben die unterschiedlichsten Ausbildungen und sind u.a. als Sozialpädagogen, Psychologen oder Ärzte tätig. Oftmals handelt es sich um überaus warmherzige, engagierte Männer und Frauen, die ganz in ihrer Arbeit aufgehen. Ihre Fachgebiete können sehr unterschiedlich sein. Manche sind eingehend mit der Sozialgesetzgebung vertraut, andere unterrichten oder haben sich auf die kindliche Entwicklung spezialisiert. Alle sind Experten auf ihrem eigenen Gebiet.

Dennoch sollten Sie sich stets vergegenwärtigen, dass diese Experten nicht annähernd so viel von Ihrer Familie wissen wie Sie selbst. Auch wenn Ihre Familie manch anderer Familie gleicht, ist sie doch einzigartig. Und da alle Familien sehr unterschiedlich sind, müssen Sie Ihrem Berater oder Therapeuten helfen, Ihre Familie kennenzulernen, wenn es zu einer fruchtbaren Zusammenarbeit kommen soll. Bis das geschehen ist, wird er Sie womöglich mit Standpunkten und Vorschlägen konfrontieren, die Sie für völlig ungeeignet halten. Entziehen Sie ihm dennoch nicht das Vertrauen, sondern versuchen Sie ihm klarzumachen, warum Sie seine Vorschläge für unpassend halten. Je offener Sie sind, desto besser wird er Ihnen helfen können.

Berater sind auch nur Menschen

Ungeachtet ihres Fachwissen sind Berater und Therapeuten Menschen wie du und ich. Das bedeutet, dass sie – wie jedermann – von bestimmten Wertvorstellungen, persönlichen Erlebnissen und Vorurteilen geprägt sind. Es ist also durchaus möglich, dass Sie sich nicht nur schlecht behandelt fühlen, sondern tatsächlich schlecht behandelt werden.

Was können Sie in diesem Fall tun? Zunächst sollten Sie sich an Ihren Berater oder Therapeuten wenden und ihm mitteilen, dass Sie mit der Zusammenarbeit unzufrieden sind. Sie könnten sich zum Beispiel darüber beschweren, von oben herab behandelt und unablässig kritisiert zu werden – als wollten Sie nicht selbst das Beste für Ihr Kind.

Sie können natürlich nicht davon ausgehen, dass der Therapeut Ihnen nach dem Mund redet oder Ihnen ausschließlich Komplimente macht. Es gehört zu seiner schwierigen Aufgabe, Ihnen auch unbequeme Dinge zu sagen. Er ist dazu da, Ihnen Mechanismen in Ihrer Familie aufzuzeigen, die man nur ungern zur Kenntnis nimmt.

Sie sind also gezwungen, sich unangenehme Dinge anzuhören, jedoch nicht dazu verpflichtet, sich auf eine unangenehme Weise behandeln zu lassen.

Therapeuten machen oft gerade dann eine schlechte Figur, wenn sie besonders freundlich sein wollen. Aus Rücksichtnahme unterdrücken sie ihre Irritation, ihre Unsicherheit und Befangenheit und wissen nicht, dass sie den gegenteiligen Effekt erzielen.

Beide Seiten haben ein Recht darauf, ernst genommen zu werden, doch ernst genommen zu werden heißt nicht automatisch, auch Recht zu bekommen.

Sie müssen sich also darauf einstellen, dass

- Sie Dinge erfahren, die vielleicht schmerzhaft sind,
- es notwendig ist, etwas in Ihrer Familie zu ändern,
- Sie verwirrt, zornig oder traurig werden,
- Sie Ihr Verhalten im Interesse Ihrer Familie ändern müssen,
- sich ein Fremder in Dinge einmischt, die Sie bislang als Ihre Privatangelegenheit betrachtet haben,
- es manchmal nicht ausreicht, dass Sie Ihre Kinder über alles lieben,
- letztlich Sie es sind, der stets die Verantwortung trägt, nicht Ihr Therapeut oder Berater.

Sie müssen sich jedoch nicht damit abfinden,

- von oben herab behandelt zu werden,
- ständig kritisiert zu werden,
- dass Entscheidungen über Ihren Kopf hinweg getroffen werden,
- manipuliert zu werden,
- dass Ihr Therapeut nicht zu einer konstruktiven Zusammenarbeit in der Lage ist.

Wenn Sie mit Ihrem Therapeuten nicht zurechtkommen, aber keine Möglichkeit sehen, ihm dies mitzuteilen, dann sollten Sie sich um einen anderen Therapeuten bemühen. Es ist besser, den Berater zu wechseln, als mit dem alten ins Gericht zu gehen. Manchmal trifft man eben auf Menschen, mit denen man – warum auch immer – keine gemeinsame Wellenlänge findet. Und den perfekten Berater gibt es ebenso wenig wie perfekte Eltern.

Sie sollten sich stets vergegenwärtigen, dass Ihr Berater in hohem Maß auf Ihre Hilfe angewiesen ist, wenn Sie zu konstruktiven Ergebnissen gelangen wollen. Er braucht Ihre Hilfe ebenso sehr, wie Sie seine brauchen, und mitunter werden

Sie ihn womöglich für einen komischen Kauz halten, während Sie ihm wie die störrischste Familie erscheinen, die ihm je untergekommen ist. Ohne Reibungen und Konflikte läuft auch diese Beziehung nicht ab, was nicht verwundert, denn schließlich geht es ja um das Wertvollste, das wir besitzen – unsere Kinder und unsere Familie.

Und jetzt wünsche ich Ihnen viel Glück für die Zusammenarbeit mit Ihrem Therapeuten oder Berater. Ich hoffe, Sie werden erfolgreich sein.

familylab – die Familienwerkstatt

familylab bietet Eltern wertvolle Inspiration und Beratung. Wir ermuntern Eltern gemeinsam zu erforschen, wer sie sind und was sie sich wünschen – bezogen auf ihre Familie im Allgemeinen ebenso wie auf aktuelle Konflikte, die sie erfahren. familylab gibt es in vielen Ländern Europas: Dänemark, Norwegen, Schweden, Deutschland, Österreich und Kroatien. Weitere Länder folgen.

Was Sie als Eltern von familylab erwarten können

Wir bieten Ihnen Beratung, Vorträge und Workshops durch qualifizierte Fachleute in Ihrer Nähe. Im Internet finden Sie umfangreiche Informationen rund um das Zusammenleben in der Familie, dazu Videos, Downloads, Interviews, Veranstaltungshinweise, Büchershop, den familylab-newsletter und vieles mehr.

familylab für Firmen und Schulen

Wir bieten Inspiration, Vorträge und Workshops für Firmen und ihre Mitarbeiter sowie für Schulen, Leitungsteams und Lehrer an. Schreiben Sie uns!

Weiterbildung zur familylab-Seminarleiterin/ zum familylab-Seminarleiter

Wenn Sie Eltern mögen und vertrauen und wenn Sie mithelfen wollen, dass die Beziehungen zwischen Eltern und ihren Kindern noch besser werden, dann beachten Sie unser Weiterbildungsangebot zur familylab-Seminarleiterin/zum familylab-Seminarleiter. Wir suchen Fachleute mit mindestens fünf Jahren Berufserfahrung, die sich für ein neues, außergewöhnliches Projekt für Eltern in Deutschland engagieren wollen. Wir bieten Ihnen ein intensives, achttägiges Training mit einem zertifizierten Abschluss durch familylab International und Jesper Juul sowie fortlaufende qualifizierte Weiterbildungen.

Mehr Informationen im Internet
www.familylab.de
Für Österreich: www.familylab.at
E-Mail: info@familylab.de
Tel: 089/219 499 71
Fax: 089/22 807 200

Postanschrift:
familylab.de
Mathias Voelchert GmbH
Amalienstraße 71
80799 München

Über den Autor

Jesper Juul, 1948 in Dänemark geboren, ist Lehrer, Familientherapeut, Konfliktberater und Buchautor. Lange Jahre war er Leiter des von ihm gegründeten »Kempler Instituts Skandinavien«. 2004 gründete er »familylab international«, das er heute leitet.

1972 schloss er sein Studium der Geschichte, Religionspädagogik und europäischen Geistesgeschichte ab. Statt die Lehrerlaufbahn einzuschlagen, nahm er eine Stelle als Heimerzieher und später als Sozialarbeiter an und bildete sich in Holland und den USA bei Walter Kempler zum Familientherapeuten weiter. Kempler gehörte zu denjenigen Mitarbeitern von Fritz Perls, die die Gestalttherapie seit Mitte der siebziger Jahre nach Europa brachten. Jesper Juul entwickelte daraus eine eigenständige Therapie- und Beratungsform: Kurzzeitinterventionen mit der ganzen Familie, handlungsorientiert und praxisnah. Ziel der Arbeit ist es, die Eltern bei der Suche nach neuen Wegen in der Erziehung zu unterstützen und nicht, sie in ihrem Versagen zu bestätigen, was ihnen, so Jesper Juul, jedoch regelmäßig widerfahre, wenn sie in ihrer Ratlosigkeit Erziehungsexperten konsultierten.

Jesper Juul ist Autor von etwa 20 Büchern, die in viele Sprachen übersetzt wurden. Zwei seiner bekanntesten sind »Das kompetente Kind« und sein neuer Bestseller »Was Familien trägt«.